Martin Wohlrab, Christian Cron

Platons ausgewählte Schriften

Siebenter Teil: Platons Staat - Erstes Buch

Martin Wohlrab, Christian Cron

Platons ausgewählte Schriften
Siebenter Teil: Platons Staat - Erstes Buch

ISBN/EAN: 9783743445277

Hergestellt in Europa, USA, Kanada, Australien, Japan

Cover: Foto ©Suzi / pixelio.de

Manufactured and distributed by brebook publishing software (www.brebook.com)

Martin Wohlrab, Christian Cron

Platons ausgewählte Schriften

PLATONS
AUSGEWÄHLTE SCHRIFTEN.

FÜR DEN SCHULGEBRAUCH

ERKLÄRT VON

CHRISTIAN CRON, JULIUS DEUSCHLE, ARNOLD HUG
UND MARTIN WOHLRAB.

SIEBENTER TEIL.

PLATONS STAAT. ERSTES BUCH.

ERKLÄRT VON MARTIN WOHLRAB.

LEIPZIG,
DRUCK UND VERLAG VON B. G. TEUBNER.
1893.

PLATONS STAAT.

ERSTES BUCH.

ERKLÄRT

VON

MARTIN WOHLRAB,
REKTOR DES KÖNIGLICHEN GYMNASIUMS ZU DRESDEN-NEUSTADT.

LEIPZIG,
DRUCK UND VERLAG VON B. G. TEUBNER.
1893.

Vorwort.

Indem ich der Sammlung ausgewählter Schriften Platons den Anfang des Staates hinzufüge, hoffe ich zur Beschäftigung mit diesem bedeutenden Werke neue Anregung zu geben. Zwar hat man die allgemeinen Fragen, die sich an dasselbe anschliefsen, auch in den letzten Zeiten vielfach behandelt, aber für das unmittelbare Verständnis desselben ist seit lange kaum etwas Erhebliches geleistet worden. Und doch ist, wie mir scheint, nach dieser Richtung hin noch recht viel zu thun.

Einige Hilfe verdanke ich dem im besten Mannesalter verstorbenen Professor am Joachimsthalschen Gymnasium zu Berlin, Dr. Hermann Heller, von dem eine neue Ausgabe des Staates zu erwarten war. Ich fand Gelegenheit zwei seiner Handexemplare zu erwerben, die erste Stallbaumsche Ausgabe vom Jahre 1829 und die vierte Auflage der Baiterschen Textausgabe. In das erstgenannte Buch hat er mit kleiner, mehrfach unleserlicher Schrift eine Menge Bemerkungen beigeschrieben, die er bei zweimaligem, sorgfältigem Durchlesen gemacht hatte. Die Fassung war der augenblicklichen Eingebung entsprechend, also für den Druck nicht bestimmt und geeignet. Alles, was ich seinen Anregungen verdanke, habe ich durch ein hinzugefügtes H. kenntlich gemacht. In die Baitersche Ausgabe hatte Heller seine Kollation des Parisiensis A eingetragen, augenscheinlich eine musterhaft genaue Arbeit. Auf Grund derselben sind insbesondere alle Änderungen in den Schlufskonsonanten vorgenommen werden, durch die sich die vorliegende Ausgabe von den vorhergehenden unterscheidet.

Das erste Buch des Staates ist vielfach in akademischen Vorlesungen behandelt worden. Ob es auch für Gymnasien geeignet ist, kann zweifelhaft sein. Es ist allerdings ein in sich abgeschlossenes Ganze, das die Kenntnis der Platonischen Philosophie, insbesondere der Ideenlehre, nicht zur Voraussetzung hat. Sein Inhalt, die Kritik des Gerechtigkeitsbegriffes, dürfte über den Gesichtskreis des Primaners nicht hinausliegen. Das Endergebnis ist allerdings scheinbar nur ein negatives, aber das ist auch in anderen Dialogen der Fall, die in der Schule gelesen werden. Zur Empfehlung dürfte ihm aber der Umstand gereichen, dafs in ihm von Thrasymachos eine Denkart entwickelt wird, aus der man zur Beurteilung der Sophisten unserer Tage recht viel lernen kann. Freilich ist die Beweisführung etwas abstrakt und dem Schüler ungewohnt. Auch der Sprachgebrauch bietet manche Anstöfse. Ob die vorliegende Ausgabe zur Hebung dieser Schwierigkeiten das Erforderliche leistet, mufs ich dem Urteil anderer überlassen.

Zu Dank hat mich mein lieber Kollege, Herr Dr. Bochmann, dadurch verpflichtet, dafs er mich beim Lesen der Korrektur unterstützt und mir manche gute Bemerkung mitgeteilt hat.

Dresden-Neustadt, den 13. November 1892.

Wohlrab.

Einleitung.

I. Die Personen des Gespräches.

Unter den Personen des Gespräches lassen sich drei Gruppen unterscheiden. Den Mittelpunkt der ersten bildet Sokrates, den der zweiten Kephalos, den der dritten Thrasymachos. Es stehen nämlich zu Sokrates Adeimantos und Glaukon, zu Kephalos seine Söhne Polemarchos, Lysias und Euthydemos, zu Thrasymachos Charmantides und Kleitophon in näherer Beziehung.

Sokrates wird im ersten Buche des Staates durchaus lebensvoll und, wie es scheint, historisch treu geschildert. Dafs er sich wegen seiner Weisheit eines hohen Ansehns erfreut, ersehen wir aus dem Verhalten des ehrwürdigen Greises Kephalos gegen ihn. Dieser wünscht seinen Umgang für sich und seine Söhne; in dem Gespräche mit ihm versteht es Sokrates allen Dingen eine bedeutende Seite abzugewinnen.

Zeigt sich Sokrates der Lebensklugheit des Kephalos völlig gewachsen, so überragt er alle übrigen ebenso sehr an geistiger Kraft wie an sittlicher Hoheit. Bewundernswert ist die Schärfe, mit der er die Fragen formuliert, die dialektische Gewandtheit, mit der er sie entwickelt, die Sicherheit, mit der er einem einwandsfreien Resultate zustrebt. Trotz aller logischen Strenge des Gedankenfortschrittes fehlt es ihm doch nicht an gesundem Witz und heiterer Laune, womit er das Gebiet des Abstrakten durch viele Fäden mit dem alltäglichen Leben zu verbinden und so die Untersuchung zu beleben und zu würzen versteht. Dabei weifs er trefflich jede Persönlichkeit zu nehmen, wie sie sich giebt, bescheidenen Widerspruch mit mildem Ernste zu behandeln, anmafsende Rechthaberei mit der vollen Schärfe seines überlegenen Verstandes, ja auch mit wohlverdientem Spotte abzuweisen. Keiner aber zeigt sich auch nur im entferntesten der feinen Ironie gewachsen, durch die er überall als ein Suchender erscheint, obwohl die feste Führung des Gespräches jedem den Gedanken aufdrängt, dafs er schon gefunden habe, was man suche. Was er aber sucht, ist Wahrheit, ist Gewinn für die Ewigkeit, was er bekämpft, der täuschende Schein, der selbstsüchtige Dünkel.

Platons ausgew. Dialoge. VII.

Des Sokrates Begleiter Glaukon wird als Sohn des Ariston, Adeimantos als dessen Bruder bezeichnet. Nichts liegt näher, als sie für die gleichnamigen Brüder Platons zu nehmen. Im ersten Buche treten sie noch zurück. Nur Glaukon greift zweimal in das Gespräch ein; an der ersten Stelle[1]) könnte man sein Benehmen dem älteren Freunde gegenüber etwas vorlaut finden, an der zweiten[2]) veranlaſst er ihn einen angedeuteten Gedanken näher auszuführen. Erst vom zweiten Buche an spielen die beiden Brüder eine bedeutungsvolle, alle anderen Anwesenden zurückdrängende Rolle. Sie sind von der neuen Weltanschauung, die ihr Zeitalter charakterisiert, ergriffen, zeigen sich aber durch ihre philosophische Beanlagung und ihren Drang nach Wahrheit dem Sokrates sehr verwandt und zugänglich.

Im Gegensatze zu diesem Kreise philosophisch gebildeter Männer ist Kephalos ein Vertreter der alten Zeit. Auf dem Boden des Volksglaubens stehend sucht er durch redliche Erfüllung aller seiner Pflichten sich ein gutes Gewissen und Seelenruhe dem Tode gegenüber zu verschaffen. Platon führt ihn nur in der Einleitung zum Staate vor. Hier wird er als hochbetagter Greis geschildert, der sein Alter infolge seines freundlichen und mäſsigen Charakters ohne Klage erträgt. Aus der Art, wie Platon seiner gedenkt, möchte man schlieſsen, daſs nicht nur seine Brüder, sondern auch er selbst in dessen vornehmem und gastlichem Hause gern verkehrt habe und daſs er dem würdigen Alten ein besonderes Ehrendenkmal habe setzen wollen.

Kephalos stammte aus Syrakus. Dort hatte sein gleichnamiger Groſsvater ein bedeutendes Vermögen besessen. Sein Vater Lysanias hatte dasselbe verringert, aber ihm selbst war es gelungen es wieder etwas zu vergröſsern. Seinen Wohnsitz Syrakus vertauschte Kephalos auf Veranlassung des Perikles mit dem Peiraieus; er trat zum athenischen Staate in das Verhältnis eines Isotelen, d. h. er trug alle Staatslasten, wie ein Bürger, und übernahm sogar Choregien, hatte dagegen das Recht Grundbesitz zu erwerben, war aber von aller politischen Thätigkeit ausgeschlossen. Dreiſsig Jahre lebte er so im besten Einvernehmen mit seiner neuen Umgebung. Gleich dem Sokrates hatte er nie mit den Gerichten zu thun gehabt.

Von Kephalos erwähnt Platon drei Söhne, Polemarchos, Lysias und Euthydemos. Am meisten bekannt ist unter diesen Lysias, der Redner. Ihn erwähnt Platon noch in einem anderen Dialoge, im Phaidros. Dort heiſst es, Polemarchos habe sich der Philosophie zugewendet, Lysias sei ihr fern geblieben. Deshalb ist es auch natürlich, daſs im Platonischen Staate Lysias sich an der Unterhaltung nicht beteiligt. Ebenso bleibt Euthydemos stumme Person. Er ist

---

1) p. 328 B.   2) p. 347 A flg.

übrigens verschieden von dem Sophisten Euthydemos, nach dem Platon einen Dialog benannt hat. Polemarchos dagegen, der bekanntlich später der Habsucht der Dreifsig zum Opfer fiel, erscheint als der Vertreter der volkstümlichen Moral, der er allerdings nicht mehr naiv, wie sein Vater, anhängt, sondern schon mehr im Sinne der neuen Zeit reflektierend gegenübersteht. Entspricht der Denkart seines Vaters die Anschauungsweise des frommen Pindaros, so fühlt er sich mehr von Simonides angezogen, dessen Aussprüche das Nachdenken der Zeitgenossen vielfach beschäftigten. Doch fällt es ihm leichter auf den Standpunkt des Sokrates einzugehen, als sich der Freigeisterei der Sophisten anzuschliefsen. Mit ihm erörtert Sokrates im ersten Buche des Staates die volkstümliche Auffassung der Gerechtigkeit, und wenn er ihn auch durch seine überlegene Dialektik widerlegt, so bleibt doch ihr Verhältnis das freundlichste. In den übrigen Büchern greift Polemarchos nur einmal in das Gespräch ein, um eine weitere Aussprache des Sokrates über Frauen- und Kindergemeinschaft zu veranlassen.

Aus der Begleitung des Polemarchos wird Nikeratos hervorgehoben, der Sohn des berühmten Feldherrn Nikias. Am Gespräche beteiligt er sich nicht.

Gegenüber diesen Athenern und athenischen Schutzverwandten wird als Vertreter der neu eingedrungenen sophistischen Bildung Thrasymachos aus Kalchedon eingeführt. Der Gegensatz der beiden Lebenskreise wird äufserlich schon dadurch charakterisiert, dafs die in Athen Einheimischen oder Eingewanderten eine feine gesellige Bildung zeigen, die auch den siegreichen Widerspruch mit liebenswürdiger Gelassenheit hinzunehmen vermag, während der Fremde eine geradezu abstofsende Rücksichtslosigkeit im Angriff auf Andersdenkende, eine grofse Unzugänglichkeit für sachgemäfse Auseinandersetzung, einen unbeugsamen Trotz im Festhalten widerlegter Standpunkte an den Tag legt. Den wahrhaft philosophischen Naturen gegenüber zeigt sich Thrasymachos als Sophist, indem ihm der Schein und die Rechthaberei mehr gilt, als die Wahrheit und Überzeugung. Lange Prunkreden zu halten scheint seine Stärke zu sein. Er mag wohl geeignet sein einen Volkshaufen aufzuregen, einer ruhigen philosophischen Erörterung ist er nicht gewachsen.

Nur eins kann an Thrasymachos imponieren, die volle Offenheit, mit der er seine Theorien ausspricht. Sie sind ein Ausflufs der krassesten Selbstsucht. Da nach seiner Ansicht jeder so viel Recht hat, als er durchzusetzen vermag, so ist ihm der bewundernswürdigste Mensch der Tyrann, möge er auch durch die ruchlosesten Mittel zu seiner Macht gelangt sein. So war er in der That sehr geeignet die Vertretung des Satzes von dem Rechte des Stärkeren zu übernehmen. Da dieser am Ende des ersten Buches als völlig widerlegt gelten kann, so war für Thrasymachos keine Gelegenheit zur weiteren Beteiligung am Gespräche vorhanden. Er greift nur einmal noch mit einem derben Worte ein. Als Anhänger des Thrasymachos werden zwei junge Athener vorgeführt, Kleitophon, der Sohn des Aristonymos, und Charmantides aus dem Gau Paiania. Nur der erste macht einen Versuch seinem durch Sokrates arg bedrängten Lehrer beizuspringen; doch zeigt er sich in der Art, wie er widerspricht, sehr unhöflich und verdient sich nicht einmal Dank. Nach ihm ist ein dem Platon fälschlich beigelegtes Gespräch benannt. Charmantides wird auch unter den älteren Schülern des Isokrates erwähnt. Er wird sich also wohl im Interesse des Studiums der Rhetorik dem Sophisten Thrasymachos angeschlossen haben, der als Lehrer dieser Kunst ein grofses Ansehen genofs.

II. Die Darstellungsform, der Ort und die Zeit des Gespräches.

Die Darstellungsform, deren sich Platon im Staate bedient, ist die diegematische oder indirekte, d. h. ein Gespräch wird seinem Hergange nach erzählt. Die Rolle des Erzählenden ist dem Sokrates zugewiesen, der an diesen Verhandlungen den Hauptanteil hatte. Möglich, dafs damit Platon an eine seiner Eigentümlichkeiten anknüpfte; liebte er es doch bekanntlich die Entwicklung eines Gedankens in die Form einer Unterredung einzukleiden. Erzählt soll das Gespräch sein einen Tag, nachdem es gehalten war. Über die Zuhörer des Sokrates erfahren wir aus dem Staate selbst nichts.

Der Schauplatz des Dialoges wird in die Hafenstadt Athens, den Peiraieus, und zwar in das vornehme Haus des Polemarchos, des Sohnes und Erben des Kephalos, verlegt.

Was die Zeit anlangt, in der Platon das Gespräch gehalten sein läfst, so kann man wohl den Tag, aber nicht das Jahr dafür bestimmen. Es soll an dem Tage stattgefunden haben, an dem die Bendideien zum ersten Male in Athen gefeiert wurden. Dieselben fielen auf den 19. oder 20. Thargelion[1]), also auf den 6. oder 7. Juni. Am Tage fand eine πομπή statt, abends eine λαμπάς, in der Nacht eine παννυχίς. Das Gespräch begann nach dem Aufzuge und dauerte dann ununterbrochen fort, ohne dafs der Teilnahme der Gesellschaft an dem späteren Teile der Bendisfeier wieder Erwähnung geschieht. Der Festtag selbst war damals ein heifser

---

1) Procl. in Tim. p. 9 B ὅτι γὰρ τὰ ἐν Πειραιεῖ Βενδίδεια τῇ ἐνάτῃ ἐπὶ δεκάτῃ Θαργηλιῶνος, ὁμολογοῦσιν οἱ περὶ τῶν ἑορτῶν γράψαντες (vgl. Schol. ad remp. p. 327 A). Ebenda p. 27 A Ἀριστοτέλης (Ἀριστοκλῆς Usener, N. Rhein. Mus. 1870, p. 614 flg.) ὁ Ῥόδιος μαρτυρεῖ (ἱστορεῖ Usener) τὰ μὲν ἐν Πειραιεῖ Βενδίδεια τῇ εἰκάδι τοῦ Θαργηλιῶνος ἐπιτελεῖσθαι, ἕπεσθαι δὲ τὰς περὶ τὴν Ἀθηνᾶν ἑορτάς.

Sommertag¹). Leider fehlt es uns an jeder Überlieferung darüber, wann die Bendisfeier in Athen eingeführt wurde. Weitere Merkmale zur ungefähren Bestimmung des Jahres, in dem das Gespräch gehalten wurde, kann man den Verhältnissen der in ihm erwähnten Personen entnehmen. Zunächst richtet sich unser Augenmerk auf Lysias und sein Haus. Von seinem Vater Kephalos heilst es, er sei ein Greis gewesen, welcher der äufsersten Grenze des menschlichen Lebens nahe stand²). Wir lesen³), dafs er ein Gespräch mit anhörte, das Sophokles über die Beruhigung der Leidenschaften im höheren Alter führte. Wenn er dabei bemerkt, schon damals habe er dem Dichter beigestimmt, noch mehr aber thue er es jetzt, so ergiebt sich daraus, dafs er zur Zeit der Unterredung jünger war, als jener. Sophokles starb bekanntlich 405 im Alter von 91 Jahren. Von diesem Zeitpunkte kann sich also die Zeit des Platonischen Dialoges nicht allzu weit entfernen.

Weiter wird mehrfach erwähnt, dafs die im Saale des Polemarchos versammelte Gesellschaft gröfstenteils aus jungen Leuten bestand. Er sucht⁴) den Sokrates durch den Hinweis auf diesen Umstand zur Einkehr bei sich zu bewegen. Auch Kephalos⁵) fügt der Aufforderung, Sokrates möge ihn öfter besuchen, ausdrücklich die Bemerkung hinzu, er werde viel Jugend bei ihm vorfinden. Das hätte doch wenig Wahrscheinlichkeit, wenn die Söhne des Kephalos nicht selbst noch zu den Jüngeren gehört hätten.

Wenn man den Kreis ins Auge fafst, der sich an dieselben anschliefst, so findet man diese Vermutung bestätigt. Als Begleiter des ältesten Sohnes des Kephalos, des Polemarchos, werden Adeimantos und Nikeratos genannt⁶). Der letztere erschien in dem Dialoge Laches, der in die Zeit nach der Schlacht bei Delion (424) verlegt wird, noch als ein junger Mann, für den man Lehrer sucht. Wenn aber Adeimantos mit Glaukon als Brüder des Platon zu gelten haben, so können sie vor dem Jahre 405 zu den jüngeren Leuten gerechnet werden. Wenn von ihnen gesagt wird⁷), sie hätten sich in der Schlacht bei Megara durch ihre Tapferkeit ausgezeichnet, so wird darunter die vom Jahre 409 zu verstehen sein, in der ein kleines athenisches Heer über einen überlegenen Feind einen glänzenden Sieg erfocht⁸). Im folgenden Jahre, also 408, könnte hiernach das Gespräch gehalten sein.

In diesem Zeitpunkte würde Sokrates recht wohl als älterer den jüngeren Männern gegenübergestellt werden können. Dafs er dem Greisenalter schon nahe ist, könnte man teils aus der Frage nach den Beschwerden desselben schliefsen, die er an Kephalos richtet⁹), teils aus der Art, wie sowohl Polemarchos als auch Ke-

---

1) Staat p. 350 D.   2) p. 328 B E.   3) p. 329 B flg.
4) p. 328 A.   5) p. 328 D.   6) p. 327 C.   7) II. p. 368 A.
8) Diodor XIII 65.   9) p. 328 E.

phalos ihn von den Jüngeren scheidet[1]). Auch rechnet sich Adeimantos selbst im Vergleich zu Sokrates zu einer jüngeren Generation[2]).

Verschwiegen soll nicht werden, dafs diese Data, die lediglich im Anschlufs an Platons Dialog gewonnen sind, sich mit den Angaben späterer Schriftsteller nicht vereinigen lassen. Nach diesen müfste Lysias wesentlich älter sein. Allein keins der Geburtsjahre, die man angiebt, beruht auf fester Überlieferung, jedes ist das Ergebnis von Kombinationen. Das früheste Jahr (459) ist erweislich falsch[3]). Am meisten hat noch die Annahme für sich, dafs er 432 geboren sei, und diese läfst sich mit der angegebenen Zeit des Gespräches wohl vereinigen. 411 kehrte Lysias mit Polemarchos aus Thurioi nach Athen zurück; er konnte also 408 in der von Platon angenommenen Weise mit seiner Familie vereinigt sein.

Auch machte man[4]) zwei ältere Verwandte des Platon mütterlicherseits ausfindig, die ebenfalls Adeimantos und Glaukon hiefsen, und war geneigt sie als die Teilnehmer am Gespräch anzusehen. Allein auch hier liegen nur Vermutungen vor, und schwerlich wird nachzuweisen sein, dafs ihr Vater den Namen Ariston hatte. Überdies müfsten sie wesentlich älter sein, als Sokrates, was mit der Voraussetzung unseres Gespräches nicht in Einklang zu bringen ist[5]).

III. Gang und Gliederung des Gespräches.

A. Einleitung. Kap. I—V.

Sokrates kehrt mit Glaukon vom Peiraieus in die Stadt zurück, nachdem er dort dem Anfange der Bendideien beigewohnt hatte. Da erblickt sie Polemarchos und fordert sie auf bei ihm im Peiraieus einzukehren und sich später das Fackelrennen zu Pferde und die Nachtfeier anzusehen[6]).

Im Hause des Polemarchos trifft Sokrates nicht nur dessen greisen Vater Kephalos und dessen Brüder, sondern auch den Sophisten Thrasymachos mit einigen Schülern. Er wird von Kephalos aufs herzlichste begrüfst und nimmt, da dieser sein sehr hohes Alter erwähnt, das ihn an manchem hindere, Veranlassung ihn zu fragen, ob er dieses als den beschwerlichsten Teil des Lebens an-

---

1) p. 328 A D.   2) II p. 267 A.
3) Böckh, de tempore, quo Plato rempublicam peroratam finxerit. com. II, S. 6 flg. (Kl. Schr. IV, S. 454.) Zeller, Über die Anachronismen in den Plat. Gesprächen. S. 87.
4) C. F. Hermann, de reipublicae Platonicae temporibus. Marburg 1839.
5) Böckh, de tempore etc. com. II, S. 9 flg., com. III, S. 3 flg. (Kl. Schr. IV, S. 460 flg., 474 flg.).
6) c. I, p. 327—328 B.

sehe. Kephalos, weit entfernt in die häufigen Klagen über das Alter einzustimmen, ist der Meinung, die Art, wie man es ertrage, hänge wesentlich vom Charakter der Menschen ab. Er giebt zwar dem Sokrates zu, dafs der Reichtum das Alter angenehmer machen könne, doch bestreitet er, dafs von ihm das eigentliche Glück abhänge; das sei vielmehr gleichfalls im Charakter begründet. Als den gröfsten Nutzen des Reichtums bezeichnet Kephalos, dafs man niemanden zu hintergehen brauche und seinen Verbindlichkeiten gegen Götter und Menschen nachkommen könne. Dadurch verschaffe man sich ein gutes Gewissen, das namentlich in der Nähe des Todes der kostbarste Besitz sei. Das führt Sokrates auf die Frage, ob nicht darin das Wesen der Gerechtigkeit bestehe, dafs man wahrhaftig sei und jedem zurückgebe, was man von ihm erhalten habe. Freilich glaube er nicht, dafs der Gerechte verbunden sei einem Rasenden die Waffen zurückzugeben, die dieser ihm bei gesundem Verstande anvertraut habe, oder ihm die volle Wahrheit zu sagen[1]).

B. Das Gespräch zwischen Sokrates und Polemarchos. Kap. VI—IX.

Diese Äufserung des Sokrates erinnert den Polemarchos, der für seinen sich zurückziehenden Vater Kephalos eintritt, an den Ausspruch des Simonides, gerecht sei jedem zu geben, was man ihm schulde. Nun schulde man dem Freunde Gutes, aber nicht Böses; man werde ihm also nicht zurückgeben, was ihm schaden könne. Andrerseits werde man auch dem Feinde erweisen, was ihm zukomme, nämlich Böses. Da sonach das Schuldige als das Zukommende und Gebührende aufzufassen sei, so heifse gerecht sein dem Freunde nützen und dem Feinde schaden[2]).
Sokrates giebt zu, dafs die Gerechtigkeit, so verstanden, sich im Kriegsfalle darin äufsert, dafs man dem Freunde hilft, den Feind bekämpft. Aber fafst man ins Auge, wie diese Gerechtigkeit im Frieden zu Tage tritt, so gelangt man zu den bedenklichsten Konsequenzen. Zunächst wird hier das Geschäftsleben in Frage kommen. Es ist offenbar, dafs, wo man Geld braucht, wie beim Kaufen und Verkaufen, Sachkenntnis nützlicher ist, als Gerechtigkeit. Wollte man aber ihren Nutzen darin finden, dafs sie am besten das Geld verwahrt, das man nicht braucht, so würde sie nur anwendbar sein, wo das Geld keinen Zweck hat[3]). Ja, da der am geschicktesten sein würde etwas aufzubewahren, der alle Schliche wüfste es zu entwenden, so würden für einen Gerechten die Eigenschaften eines Diebes erforderlich sein. Dazu würde das Lob stimmen, das Homer dem diebischen Autolykos erteilt. Dieses Ergebnis der Untersuchung hält Polemarchos für unannehmbar[4]).

---

1) c. II—V, p. 328 B — 331 D.   2) c. VI, p. 331 E — 332 C.
3) c. VII.   4) p. 332 D — 334 B.

Ferner kann man sich in seinen Freunden täuschen und die dafür halten, die es thatsächlich nicht sind. Mit den Feinden ist dasselbe möglich. Man kann also gerecht zu handeln glauben, indem man vom Scheine verleitet den Feinden nützt, den Freunden schadet[1]). Um diesen Fehler zu vermeiden, soll der Freund mit dem Guten, der Feind mit dem Schlechten identificiert werden. Man nützt also dem Freunde, da er gut ist, man schadet dem Feinde, da er schlecht ist[2]). Aber auch in dieser Fassung ist der Satz nicht haltbar. Denn wem man schadet, der wird schlechter und zwar hinsichtlich der ihm zukommenden Vorzüge. Zu diesen gehört auch die Gerechtigkeit. Wer also geschädigt wird, wird ungerechter. Nun kann aber die Gerechtigkeit niemanden ungerecht machen, wie durch die Tugend niemand schlecht wird. Es ist also unmöglich, dafs die Gerechtigkeit irgend einem schadet, also auch, dafs sie dem Feinde schadet. Nicht von einem Weisen und Guten also, sondern nur von einem tyrannischen Machthaber könnte das Wort stammen, gerecht ist dem Freunde zu nützen, dem Feinde zu schaden[3]).

C. Das Gespräch zwischen Sokrates und Thrasymachos. Kap. X—XXIV.

Mit diesen Ergebnissen ist Thrasymachos in keiner Weise einverstanden. Er wirft überdies dem Sokrates vor, dafs er andere nur ausfrage und widerlege, mit der eigenen Ansicht aber nicht herausgehe; er möge doch selbst eine bestimmte Erklärung der Gerechtigkeit geben. Sokrates entgegnet ihm, wenn er mit Polemarchos geirrt habe, so hätten sie es ungern gethan und verdienten deshalb keine Zurechtweisung. Da Thrasymachos in dem Verfahren des Sokrates Ironie findet, sagt ihm dieser, es könne doch niemand anderes vorbringen, als was er für wahr halte. Schliefslich läfst sich Thrasymachos durch die Aussicht auf Lohn und die Bitten der Anwesenden bestimmen seine Auffassung von der Gerechtigkeit mitzuteilen[4]).

Thrasymachos definiert: das Recht ist der Vorteil des Stärkeren. Unter dem Stärkeren will er natürlich nicht den physisch Überlegenen verstehen, sondern den Herrscher im Staate, gleichviel welche Verfassung dieser Staat hat, so dafs das der jedesmal bestehenden Herrschaft Nützliche das Gerechte ist[5]).

Sokrates ergänzt diese Erklärung zunächst durch den Zusatz, dafs auch der Gehorsam gegen die Herrschenden zur Gerechtigkeit gehöre. Dann weist er darauf hin, dafs die Herrschenden doch nicht untrüglich seien, also auch etwas ihnen Unzuträgliches verordnen könnten. Da die Untergebenen auch in diesem Falle zu ge-

---

1) p. 334 B — E.   2) c. VIII   3) 334 E — 336 A, c. IX.
4) p. 336 B — 338 B, c. X. XI.   5) p. 338 C — 339 B, c. XII.

horchen hätten, würde das dem Stärkeren Unzuträgliche das Gerechte sein. Der Versuch des Kleitophon, vorteilhaft im subjektiven Sinne zu nehmen, wird zurückgewiesen[1]). Thrasymachos selbst sucht seinen Satz dadurch zu retten, daſs er den Begriff Herrscher im absoluten Sinne nimmt und darunter nur einen versteht, der dem Irrtum nicht unterworfen ist. Irre er doch einmal, so thue er es nicht als Herrscher[2]).

Dagegen weist Sokrates nach, für jeden, der ein bestimmtes Gebiet menschlicher Thätigkeit beherrsche, sei nicht der Gewinn charakteristisch, den er selbst davon habe, sondern der Nutzen dessen, auf den sich seine Thätigkeit erstrecke. Folglich dürfe auch der Herrscher nicht seinen Vorteil im Auge haben, sondern nur den des Beherrschten[3]).

Thrasymachos ist weit entfernt dieses Resultat Sokratischer Dialektik gelten zu lassen, sondern setzt in zusammenhängender Rede seine Ansicht auseinander. Wie der Hirt seine Herde zu seinem und seines Herren Nutzen ausbeutet, so sehen auch die Herrschenden nur auf ihren Vorteil. So ist die Gerechtigkeit des Herrschers Nutzen, des Beherrschten Schaden. Dagegen ist der Gerechte im Sinne des Sokrates überall im Nachteil als Privatmann, als Staatsbürger, als Beamter. Was als das gröſste Unrecht gilt, die Tyrannis, macht ihren Inhaber zum glücklichsten aller Menschen, während die, welche im kleinen Unrecht thun, mit den schimpflichsten Namen belegt werden. Denn nicht Unrecht thun bringt Schande, sondern Unrecht leiden. Und so ist schlieſslich die Ungerechtigkeit etwas Kräftigeres, Edleres und Mächtigeres, als die Gerechtigkeit[4]).

Hiergegen wirft Sokrates dem Thrasymachos vor, daſs er mit seiner Theorie alle ethischen Begriffe auf den Kopf stellt, namentlich mit der Behauptung, die Ungerechtigkeit sei vorteilhafter, als die Gerechtigkeit. Er weist ihm nach, daſs nach seinem eigenen früheren Zugeständnis der gute Hirt in der That nichts im Auge hat, als das Wohl der ihm anvertrauten Herde. Bei jedem Gebiete menschlicher Thätigkeit kann man einen doppelten Nutzen unterscheiden, einen, der ihr ganz allein zukommt, und einen, den sie mit anderen Thätigkeiten teilt. Zu dem letzteren gehört der Lohnerwerb. Dieser ist etwas Accidentielles, nicht etwas das Wesen der Thätigkeit selbst Bestimmendes. Und so bleibt es dabei, daſs der Herrscher als solcher nur das Beste der Untergebenen will. Eben weil ihm das Herrschen an sich keinen Nutzen bringt, bietet man ihm Geld oder Ehre oder nötigt ihn durch Strafen dazu. Die gröſste Strafe für ihn aber würde die sein, von einem Schlechteren beherrscht zu werden. In einem Staate von Guten würde jeder lieber beherrscht sein, als herrschen wollen.

---

1) p. 339 B — 340 C, c. XIII.　　2) p. 340 C — 341 A, c. XIV.
3) p. 341 A — 342 E, c. XV.　　4) p. 343 A — 344 C, c. XVI.

Dadurch würde er der Vorteile teilhaft, die vom Herrscher ausgehen, ohne selbst Mühe zu haben[1]). Will Thrasymachos seinen Standpunkt weiter behaupten, so sieht er sich zu dem Bekenntnis hingedrängt, das Leben des Ungerechten sei besser und gewinnbringender, als das des Gerechten[2]). Denn zunächst sei Ungerechtigkeit als Klugheit, die zur Macht führe, Tugend und Weisheit, Gerechtigkeit als gutmütige Beschränktheit das Gegenteil[3]). Hiergegen weist Sokrates darauf hin, dafs der Gerechte allerdings vor dem Ungerechten etwas voraushaben will, aber nichts vor Seinesgleichen, dafs dagegen der Ungerechte sowohl vor dem Gerechten als vor Seinesgleichen etwas voraushaben will[4]). Allenthalben aber ist das Kennzeichen des Weisen und Guten, dafs er vor Seinesgleichen nichts, etwas nur vor denen voraushaben will, die nicht so sind, während der Unwissende und Schlechte sowohl vor denen, die nicht so sind, als auch vor Seinesgleichen etwas voraushaben will. Daraus ergiebt sich, dafs der Gerechte, da er vor Seinesgleichen nichts voraushaben will, zu den Weisen und Guten gehört, der Ungerechte aber, da er auch vor Seinesgleichen etwas voraushaben will, zu den Unwissenden und Schlechten[5]).

Thrasymachos mufs das, wenn auch widerwillig, zugeben. Hierauf widerlegt Sokrates seine Behauptung, die Ungerechtigkeit vermöge mehr, als die Gerechtigkeit. Zwar genügt hier schon der Hinweis, dafs die Gerechtigkeit als Weisheit und Tugend der Ungerechtigkeit als Unwissenheit überlegen sein müsse, allein Thrasymachos könnte sich darauf berufen, dafs ein ungerechter Staat andere zu unterwerfen und in Unterwürfigkeit zu erhalten vermöge[6]). Aber in allen Verbindungen nicht nur von Guten, sondern auch von Schlechten findet man, dafs die Ungerechtigkeit Hafs und Zwietracht, die Gerechtigkeit Liebe und Eintracht hervorbringt. Hafs und Zwietracht aber zerstören jede Macht. Ist doch der Ungerechte sich selbst und jedem anderen verfeindet. Schliefslich ist der Gerechte den Göttern, die doch gerecht sind, lieb, der Ungerechte verhafst. Wo aber Ungerechte noch etwas gemeinsam durchsetzen, können sie es nur thun, insofern noch ein Rest von Gerechtigkeit in ihnen ist[7]).

Schliefslich wendet sich Sokrates zur Begründung des für unsere Lebensführung so wichtigen Satzes, dafs die Gerechten besser leben und glücklicher sind, als die Ungerechten. Er geht davon aus, dafs die Bestimmung eines jeden Wesens das ist, was es entweder allein oder am besten auszuführen vermag[8]). Dieser Bestimmung mufs eine Eigenschaft entsprechen, mittels deren sie

---

1) p. 344 D — 347 E, c. XVII. XVIII.   2) c. XIX.
3) p. 347 E — 349 A.   4) c. XX.   5) p. 349 B — 350 C, c. XXI.
6) c. XXII.   7) p. 350 C — 352 D.   8) c. XXIII.

richtig ins Werk gesetzt wird. Nun ist die Bestimmung der Seele einerseits in der geistigen Thätigkeit, andrerseits im Leben zu suchen. Die ihr zur Erreichung derselben zukommende Eigenschaft ist die Gerechtigkeit. Folglich erfüllt durch diese die Seele ihre Bestimmung richtig und führt so ein glückliches Leben[1]). So ist allerdings bewiesen, dafs das Leben des Gerechten gewinnbringender ist, als das des Ungerechten, aber nicht gefunden, was man gesucht hatte, die Definition der Gerechtigkeit[2]).

IV. Zweck des Gespräches.

Wenn zu dem Titel des Gespräches πολιτεία, der allein von Platon herrührt, eine spätere Hand zur Bezeichnung des wesentlichen Inhaltes den Zusatz machte περὶ δικαίου, so läfst sich darüber streiten, ob dieser für alle zehn Bücher pafst, in die es eingeteilt ist; dafs er aber für das erste Buch pafst, ist unzweifelhaft. Gleich die Einleitung führt auf die Erörterung des Begriffes der Gerechtigkeit hin; dieser bildet den Mittelpunkt des Gesprächs des Sokrates mit Polemarchos und Thrasymachos. Behandelt wird er aber in der Weise, dafs die zwei Auffassungen desselben, die man zu Platons Zeit hatte, einer Prüfung unterworfen werden. Die eine, gerecht ist dem Freunde zu nützen, dem Feinde zu schaden, kann man als die in Griechenland einheimische bezeichnen, die andere, Recht beruht auf Macht, war von Sophisten nach Athen gebracht worden.

Auf die erste Definition der Gerechtigkeit leitet Sokrates dadurch hin, dafs er im Anschlufs an eine Äuserung des Kephalos als ihr Wesen bezeichnet, wahrhaftig zu sein und jedem zurückzuerstatten, was man ihm schulde[3]). Hier ist klar, dafs das griechische Wort δικαιοσύνη einen weiteren Umfang hat, als unser Gerechtigkeit; es ist recht handeln in Worten und Werken und entspricht mehr unseren Begriffen Rechtschaffenheit, Rechtlichkeit. Wenn die Wahrhaftigkeit mit zur δικαιοσύνη gerechnet wird, so entspricht das der griechischen Anschauung, von der unter anderen Mimnermos[4]) Zeugnis ablegt in den Worten:

Ἀληθείη δὲ παρέστω
σοὶ καὶ ἐμοί, πάντων χρῆμα δικαιότατον.

Nachdem diese Auffassung der Gerechtigkeit mit der Bemerkung zurückgewiesen ist, dafs man Unzurechnungsfähigen Anvertrautes nicht zurückgeben und die Wahrheit nicht sagen dürfe, wenn es ihnen schadet, gelangt Polemarchos anknüpfend an den Ausspruch des Simonides, gerecht sei jedem das Schuldige zu geben, indem man das Schuldige als das Zukommende oder Ge-

---

1) p. 352 D — 354 A.   2) p. 354 A — C, c. XXIV.
3) p. 331 C.   4) Frag. 8 in Bergks poetae lyrici.

bührende auffafst, zu der Definition: gerecht ist dem Freunde Gutes, dem Feinde Böses zu erweisen[1]). Auf diese Weise hat der allgemeine Satz, jedem das Schuldige geben, eine konkretere Fassung erhalten. Diese erklärt sich wohl aus dem politischen Charakter der griechischen Ethik; man betrachtete nämlich die Freundschaft als einen Vertrag, der von beiden Teilen gleiche Leistungen fordert. Der Satz selbst aber ist ein Gemeinplatz aller griechischen Schriftsteller. Aus der grofsen Menge von Zeugen seien nur zwei herausgehoben. Solon[2]) sagt:

Εἶναι δὲ γλυκὺν ὧδε φίλοις, ἐχθροῖσι δὲ πικρόν,
τοῖσι μὲν αἰδοῖον, τοῖσι δὲ δεινὸν ἰδεῖν.

Bei Xenophon[3]) aber liest man: καὶ μὴν πλείστου γε δοκεῖ ἀνὴρ ἐπαίνου ἄξιος εἶναι, ὃς ἂν φθάνῃ τοὺς μὲν πολεμίους κακῶς ποιῶν, τοὺς δὲ φίλους εὐεργετῶν. Man kann sonach diese Erklärung als die dem griechischen Volksbewufstsein entsprechende ansehen. Wegen dieser weitgehenden Bedeutung wird sie denn auch einer eingehenden Kritik unterworfen[4]).

Die Widerlegung dieser Definition der Gerechtigkeit zerfällt in zwei Teile. Der erste[5]) untersucht, worin denn eigentlich der Nutzen und Schaden bestehe, welcher der Gerechtigkeit zugeschrieben wird, und kommt zu dem Ergebnis, dafs es wenigstens für friedliche Verhältnisse an einem eigenen Gebiete fehle, auf dem sie sich nach diesen beiden Richtungen hin bewähren könnte, da ein ihr allein zukommendes Wissen nicht nachzuweisen sei. Der zweite Teil[6]) wendet sich zu den Objekten des Nutzens und Schadens, also zu den Begriffen Freund und Feind, und zeigt, dafs es unter allen Umständen nicht Sache der Gerechtigkeit sein kann, irgendjemandem, und sei er auch ein Feind, Schaden zuzufügen.

Ehe Platon zur zweiten Definition der Gerechtigkeit übergeht, läfst er den Sophisten Thrasymachos einige Einwendungen gegen die Methode des Sokrates machen, die dieser als unberechtigt zurückweist. Hatte Polemarchos von der Bedeutung gesprochen, welche die Gerechtigkeit für das Leben der einzelnen hat, so wendet sich Thrasymachos der Erörterung ihrer Bedeutung für das staatliche Leben zu. Wenn er erklärt, das Recht ist der Vorteil des Machthabers[7]), so spricht er damit einen Grundsatz aus, den viele Sophisten mit ihm teilten. Ihr Ideal ist die unumschränkte Herrschaft, wäre sie auch mit den ruchlosesten Mitteln erworben. Wie Thrasymachos[8]) die Tyrannis verherrlicht, so preist

---

1) p. 332 D δικαιοσύνη ἂν καλοῖτο ἡ τοῖς φίλοις τε καὶ ἐχθροῖς ὠφελίας τε καὶ βλάβας ἀποδιδοῦσα τέχνη.
2) Fragm. 13, 5 flg.   3) Mem. II, 3, 74.
4) Auch im Kriton 49 B und Menon 71 E wird diese Frage erörtert.
5) p. 332 D — 334 B.   6) p. 334 B — 336 A.
7) 338 C τὸ τοῦ κρείττονος ξυμφέρον τὸ δίκαιόν ἐστιν.
8) 344 A.

Polos im Gorgias[1]) den Perserkönig glücklich oder den Makedonen Archelaos, der durch zahllose Treulosigkeiten und Blutthaten zum Thron gelangt war. Der Sophist sucht seinen Satz, Macht ist Recht, zunächst theoretisch zu beweisen, sieht sich aber genötigt, da er der Dialektik des Sokrates nicht gewachsen ist, sich auf das Gebiet des Thatsächlichen zurückzuziehen. Das hat freilich zur Folge, dafs er schliefslich die Sache der Gerechtigkeit aufgeben und sich offen als Anwalt der Ungerechtigkeit bekennen mufs. Die Widerlegung des Sokrates beruht auf dem Satze, dafs der Herrscher, weit entfernt seinen eigenen Vorteil zu suchen, lediglich das Beste der Untergebenen im Auge haben müsse. Damit hat der Satz des Thrasymachos als widerlegt zu gelten, die dialektische Erörterung über das Wesen der Gerechtigkeit ist abgeschlossen[2]).

Wenn Platon das Gespräch hiermit nicht abbricht, so geschieht das wohl deshalb, weil er die Behauptung des Thrasymachos in ihrer letzten Voraussetzung erschüttern will. Wer würde wohl Unrecht thun, wenn er sich nicht Gewinn davon verspräche? Der Glaube an die Macht der Ungerechtigkeit ist also ihre festeste Stütze. Diesen Glauben vertritt Thrasymachos. Sokrates bekämpft ihn, indem er zeigt, wer ihn hege, der müsse in der That die sittlichen Grundsätze, die ein Gemeingut aller Wohldenkenden im Volke geworden sind, auf den Kopf stellen. Was man für Weisheit und Tugend hielt, würde Thorheit und Verkehrtheit sein. Ferner sei es nicht wahr, dafs man durch Unrecht Macht erlangen und erhalten könne; denn die Ungerechtigkeit bringe Hafs und Zwietracht hervor und wirke zerstörend, aber nicht aufbauend. Schliefslich beruhe das Glück, das doch jeder suche, darin, dafs die Seele ihre Bestimmung erfülle. Das könne sie aber nicht ohne die Gerechtigkeit.

Es entgeht dem Platon nicht, dafs diese Sätze eigentlich Folgerungen aus dem Gerechtigkeitsbegriffe sind, also dessen Bestimmung zur Voraussetzung haben[3]). Seine Darlegung hat sich aber bis jetzt nur damit befafst zu zeigen, was Gerechtigkeit nicht ist. Durch diese Polemik hat er jedoch einer reineren Auffassung derselben den Weg gebahnt, und so kann er seine bisherige Darlegung als eine Art Einleitung zur Bestimmung derselben[4]) bezeichnen.

In der That hält es nicht schwer die wesentlichsten Merk-

---

1) p. 470 C flg.
2) p. 347 D τοῦτο μὲν οὖν ἔγωγε οὐδαμῇ συγχωρῶ Θρασυμάχῳ, ὡς τὸ δίκαιόν ἐστιν τὸ τοῦ κρείττονος ξυμφέρον.
3) p. 354 B ἐγώ μοι δοκῶ οὕτω, πρὶν ὅ τὸ πρῶτον ἐσκοποῦμεν εὑρεῖν, τὸ δίκαιον ὅ τί ποτ' ἐστίν, ἀφέμενος ἐκείνου ὁρμῆσαι ἐπὶ τὸ σκέψασθαι περὶ αὐτοῦ, εἴτε κακία ἐστὶν καὶ ἀμαθία εἴτε σοφία καὶ ἀρετή.
4) II p. 357 A τὸ δ' ἦν ἄρα, ὡς ἔοικε, προοίμιον.

14 EINLEITUNG.

male zur Definition der Gerechtigkeit in dem bisher Gesagten aufzufinden. Sie ist Weisheit und Tugend, sie ist das eigentlich einigende Princip im Leben des einzelnen, wie des Staates. Wenn Platon noch hinzufügt, sie sei es, wodurch die Seele des Menschen ihre Bestimmnng erreiche, sie sei es also, die schliefslich das Glück des Menschen begründe, so ist klar, dafs die ihm eigentümliche Auffassung der Gerechtigkeit ihr Wesen in erster Linie nicht im Handeln nach aufsen, in unseren Beziehungen zu anderen Menschen suchen kann. Nicht dafs Platon der Gerechtigkeit dieses Merkmal abspräche, aber er sieht in demselben nur ihre äufsere Seite, nur ihre Bethätigung im Leben. Im letzten Grunde ist sie ihm etwas Innerliches und besteht darin, dafs jeder Teil der Seele seine Aufgabe erfüllt. Er nimmt bekanntlich deren drei an, die Vernunft (τὸ λογιστικόν), den Mut (τὸ θυμοειδές) und die Begierde (τὸ ἐπιθυμητικόν). Die Gerechtigkeit hat nun dafür zu sorgen, dafs jeder Seelenteil die ihm zukommende Bestimmung erfülle (τὰ αὑτοῦ πράττει) und die anderen in der Erfüllung der ihrigen nicht hindere (μὴ πολυπραγμονεῖ, ἀλλότρια πράττει). Sie ist somit die Wurzel aller Tugenden und bewirkt, dafs der Mensch mit sich eins und dadurch glücklich wird. Wie sie aber das ordnende Princip im Leben des einzelnen ist, so ist sie es auch in der staatlichen Gemeinschaft.

V. Das Verhältnis des ersten Buches zu den übrigen.

K. F. Hermann[1]) hat das erste Buch des Staates als ein selbständiges Gespräch aus Platons Sokratischer Periode aufgefafst, das erst in der Folge dem Staate als Einleitung vorangestellt sei. Nun ist allerdings zuzugeben, dafs es von den folgenden Büchern sich vielfach unterscheidet. Es ist ein kleines, mehr als die übrigen Teile in sich abgeschlofsenes Ganze. Die Scenerie ist in ihm liebevoll behandelt, später tritt sie ganz zurück. Eine Menge Personen, die in ihm vorgeführt werden, verlieren sich völlig im Verlaufe des Gespräches. Schliefslich endet das Buch, wie frühere Dialoge, mit der Erklärung, man habe den gesuchten Begriff nicht gefunden.

Dennoch berechtigen uns diese Verschiedenheiten schwerlich, das erste Buch als eine ursprünglich selbständige Schrift zu nehmen. Was zunächst seinen viel bewunderten, dramatisch belebten Eingang betrifft, so würde er schon durch seinen Umfang in einem Mifsverhältnis zu den übrigen Teilen des Buches stehen, wenn es für sich zu nehmen wäre. Noch mehr sticht er durch den männlichen Ernst, der sich in der grofsen Fülle und Tiefe der Gedanken äufsert, von den Proömien zu den jugendlichen Werken ab. Und

---

1) Geschichte und System der Platon. Philosophie, S. 538 flg.

EINLEITUNG. 15

so wird Steinhart[1]) Recht behalten, wenn er die Ansicht ausspricht, daſs dieser Eingang nur als die reich geschmückte Vorhalle eines gröſseren Prachtbaues an seinem rechten Platze stehe. Überdies ist das erste Buch durch eine Menge Fäden mit den späteren Büchern so unauflöslich verknüpft, wie das nur unter der Voraussetzung einer ursprünglichen Zusammengehörigkeit erklärlich ist. Die Erörterung über die Gerechtigkeit geht von der Bemerkung aus[2]), daſs nur der, welcher diese Tugend besitzt, dem jenseitigen Leben ruhig entgegensehen könne. Zu diesem Ausgang kehrt im zehnten Buche[3]) die Untersuchung zurück, um im Ausblick auf die jenseitige Vergeltung ihren Abschluſs zu finden. Die Schilderung des geistlosen und unsittlichen Despotismus, der in Thrasymachos seinen offenen, ja schamlosen Vertreter findet, wird im neunten Buche wieder aufgenommen und durchgeführt. Wenn Sokrates sagt[4]), daſs man sich in einem aus guten Männern bestehenden Staate nur gezwungen den Regierungsgeschäften zuwenden würde, so wird dieser Gedanke im siebenten Buche[5]) weiter entwickelt.

Noch manche Einzelheit lieſse sich in dieser Richtung anführen[6]), was aber den Ausschlag giebt, ist die Behandlung des Gerechtigkeitsbegriffes selbst. Man hat ganz richtig darauf hingewiesen, daſs die Definition des Polemarchos, wonach die Gerechtigkeit jedem das Seine giebt, sich vollkommen mit der im Euthyphron[7]) und Gorgias[8]) gegebenen deckt, die sich von der Sokratischen[9]) nicht wesentlich unterscheidet. Allein man irrt sehr, wenn man meint[10]), die Erörterungen des ersten Buches befaſsten sich nur mit der Gerechtigkeit, die der einzelne übt. Ganz klar leitet in der Widerlegung des Thrasymachos die Untersuchung auf die dem Staatsleben als Princip zu Grunde liegende Form der Gerechtigkeit hin. In diesem Teile setzt Platon seine in den folgenden Büchern enthaltene Auffassung derselben so entschieden voraus, daſs das Ende des ersten Buches ohne Beziehung auf diese ganz unverständlich bleibt. Wenn es heiſst, daſs die Seele nur durch die Gerechtigkeit zum Frieden mit sich komme[11]) und ihre Bestimmung richtig erfülle[12]), so ist es klar, daſs Platon nicht mehr auf Sokratischem Boden steht, sondern daſs die ihm eigentümliche Auffassung dieses

---

1) Platons Werke V, S. 68.   2) p. 331 B.   3) p. 608 C.
4) p. 347 A.   5) p. 519 B.   6) Steinhart, S. 68 flg.
7) p. 12 E τοῦτο τοίνυν ἔμοιγε δοκεῖ — τὸ μέρος τοῦ δικαίου εἶναι εὐσεβές τε καὶ ὅσιον, τὸ περὶ τὴν τῶν θεῶν θεραπείαν· τὸ δὲ περὶ τὴν τῶν ἀνθρώπων τὸ λοιπὸν εἶναι τοῦ δικαίου μέρος.
8) p. 507 A καὶ μὴν περὶ μὲν ἀνθρώπους τὰ προσήκοντα πράττων δίκαι’ ἂν πράττοι, περὶ δὲ θεοὺς ὅσια· τὸν δὲ τὰ δίκαια καὶ ὅσια πράττοντα ἀνάγκη δίκαιον καὶ ὅσιον εἶναι.
9) Xen. mem. IV, 6, 6 ὀρθῶς ἄν ποτε ὁριζοίμεθα ὁριζόμενοι δικαίους εἶναι τοὺς εἰδότας τὰ περὶ ἀνθρώπους νόμιμα.
10) Hermann, S. 539.   11) p. 351 D.   12) p. 353 D flg.

Begriffes, wonach sein Wesen in dem τὰ αὑτοῦ πράττειν besteht, ihm bereits vorschwebt[1]).

Fragt man, woher es denn komme, daſs das erste Buch sich von den folgenden unterscheidet, so kann man den Grund dafür zunächst in einem gewissen Schwunge des Geistes finden, der den Schriftsteller beim Beginne des gröſsten Werkes, das er zu schaffen vorhatte, noch trug. Kann man sich da wundern, wenn in diesem Buche noch einmal die dramatische Kraft und Lebendigkeit der Platonischen Darstellungskunst aufleuchtet, noch einmal eine Pracht und Mannigfaltigkeit entfaltet, die sich nur in wenigen früheren Dialogen findet? In den folgenden Büchern nehmen die Erörterungen einen mehr sachlichen Charakter und deshalb einen ruhigeren Gang an. Auch sind die Mitunterredner, Platons Brüder, dem Sokrates mehr kongenial und geben dem Gespräche um so weniger eine charakteristische Färbung, als sie offenbar idealisiert sind, also einer fest ausgeprägten Persönlichkeit entbehren. Dagegen entspricht dem polemischen Charakter, der nur dem ersten Buche eigen ist, durchaus die lebendigere Auseinandersetzung, die es auszeichnet. Werden doch auch in den Vertretern der bestrittenen Meinungen, insbesondere aber im Thrasymachos, uns Persönlichkeiten vorgeführt, die eine individuelle und dadurch höchst wirksame Darstellung begünstigen, ja herausfordern. Faſst man schlieſslich die Beweisführung ins Auge, wie sie im ersten Buche sich findet, so ist sie im ganzen schärfer und abstrakter, als in früheren Werken, und deshalb nicht immer so unmittelbar und leicht verständlich.

Wenn sonach der organische Zusammenhang des ersten Buches mit den folgenden kaum in Zweifel gezogen werden kann, so hat man sich doch zur Stützung der Hypothese von der früheren Selbständigkeit desselben auf alte Überlieferungen berufen. Nach einer Notiz des Gellius[2]), die einer ungenannten Quelle entstammt, soll Platon zunächst ungefähr zwei Bücher besonders herausgegeben haben. Stöſst diese Angabe an sich schon auf viele Bedenken[3]), so hat man es jetzt als unmöglich erkannt durch sie die Sonderexistenz des ersten Buches zu erweisen. Ferner hat man aus einer bei Dionys von Halikarnaſs[4]) und anderen[5]) sich findenden Überlieferung auf verschiedene Redaktionen des Werkes vom Staate schlieſsen zu dürfen geglaubt. Allein schon Dionys geht zu weit, wenn er aus dem Umstande, daſs sich auf einem Täfelchen die ersten Worte des Staates in mehrfach veränderter Stellung vor-

---

1) S. o. S. 14.   2) N. A. XIV, 3.
3) Susemihl, Platon. Phil. II, S. 88 flg. Zeller, Philosophie der Griechen, II, 1⁴, S. 488 A. 1.
4) S. Anm. zu p. 327 A.
5) Euphorion und Panaitios bei Laert. Diog. III, 73, Quintilian VIII, 6, 64.

fanden, entnehmen wollte, dafs Platon bis zu seinem Tode an seinen Werken gefeilt habe. Das nach seinem Tode gefundene Täfelchen beweist doch nur, dafs er versucht hat, wie sich jene Anfangsworte in verschiedener Stellung ausnehmen, und nichts hindert anzunehmen, dafs er diesen Versuch schon vor der Veröffentlichung des ganzen Werkes gemacht habe. Aus dieser Angabe aber vollends zu schliefsen, Platon habe sein Werk vom Staate einer Umarbeitung unterzogen oder unterziehen wollen, ist ganz unstatthaft[1]).

Dafs der Staat zusammen mit dem Timaios, dem unvollendeten Kritias und den Gesetzen der letzten Periode von Platons Schriftstellerei angehört, ist eine ebenso alte, wie wohlbegründete Meinung. Hat ihn doch Platon selbst mit dem die Physik behandelnden Timaios, wenn auch wahrscheinlich erst nachträglich, dadurch in Verbindung gesetzt, dafs er hier die vier Personen bezeichnet, denen Sokrates dieses Gespräch am Tage, nachdem es gehalten war, mitteilt, den Pythagoreer Timaios, den Staatsmann Kritias, den syrakusanischen Feldherrn Hermokrates und einen Ungenannten, und dafs er in den ersten Kapiteln des Timaios eine ausdrückliche Rekapitulation der im Staate enthaltenen politischen und pädagogischen Einrichtungen giebt, womit er offenbar jenen Dialog als eine Fortsetzung dieses bezeichnen will.

---

1) Susemihl S. 90 flg., Zeller S. 556, A. 3.

ΠΟΛΙΤΕΙΑ

[ἢ περὶ δικαίου, πολιτικός.]

ΤΑ ΤΟΥ ΔΙΑΛΟΓΟΥ ΠΡΟΣΩΠΑ

ΣΩΚΡΑΤΗΣ, ΓΛΑΥΚΩΝ, ΠΟΛΕΜΑΡΧΟΣ, ΘΡΑΣΥΜΑΧΟΣ, ΑΔΕΙΜΑΝΤΟΣ, ΚΕΦΑΛΟΣ.

St. II
p. 327

A.

I. Κατέβην χθὲς εἰς Πειραιᾶ μετὰ Γλαύκωνος τοῦ Ἀρίστωνος προσευξόμενός τε τῇ θεῷ καὶ ἅμα τὴν ἑορτὴν βουλόμενος θεάσασθαι τίνα τρόπον ποιήσουσιν ἅτε νῦν πρῶτον ἄγοντες. καλὴ μὲν οὖν μοι καὶ ἡ τῶν ἐπιχωρίων πομπὴ ἔδοξεν εἶναι, οὐ μέντοι ἧττον ἐφαίνετο πρέπειν ἣν οἱ Θρᾷκες ἔπεμπον. 5
B προσευξάμενοι δὲ καὶ θεωρήσαντες ἀπῇμεν πρὸς τὸ ἄστυ. κατιδὼν οὖν πόρρωθεν ἡμᾶς οἴκαδε ὡρμημένους Πολέμαρχος ὁ

1. Über die Person des Erzählers siehe Einleitung S. 4, über seine Zuhörer S. 4 und 17. Dion. Hal. de comp. verb. 25 ὁ δὲ Πλάτων τοὺς ἑαυτοῦ διαλόγους κτενίζων καὶ βοστρυχίζων καὶ πάντα τρόπον ἀναπλέκων οὐ διέλιπεν ὀγδοήκοντα γεγονὼς ἔτη. γνώρισμα δὲ τούτου τά τε ἄλλα καὶ δὴ καὶ τὰ περὶ τὴν δέλτον, ἣν τελευτήσαντος αὐτοῦ λέγουσιν εὑρεθῆναι ποικίλως μετακειμένην τὴν ἀρχὴν τῆς πολιτείας ἔχουσαν τήνδε· κατέβην χθὲς εἰς Πειραιᾶ μετὰ Γλαύκωνος τοῦ Ἀρίστωνος. Siehe Einl. S. 16.
2. τῇ θεῷ. Wenn auch in Athen die Bezeichnung ἡ θεός vorzugsweise von Athene gebraucht wurde, so wird sie doch hier wie 328 A wegen der engen Verbindung, in die sie zu der ἑορτή gesetzt wird, von der thrakischen Mondgöttin Bendis, welche der Artemis entsprach, zu verstehen sein. Denn aus 354 A ταῦτα δή σοι, ὦ Σώκρατες, εἱστιάσθω ἐν τοῖς Βενδιδείοις ergiebt sich, dafs das an unserer Stelle erwähnte Fest die Bendideien waren. Siehe Einl. S. 4.
4. πομπή, ein öffentlicher Festzug, eine Procession, in welcher viel Pracht, namentlich auch Waffenschmuck zur Schau getragen wurde. Am bekanntesten ist die zu Ehren der Athene gefeierte πομπὴ παναθηναϊκή.
5. ἣν οἱ Θρᾷκες ἔπεμπον vertritt den Subjektsnominativ.
7. Πολέμαρχος ὁ Κεφάλου. Siehe Einl. S. 2.

ΠΛΑΤΩΝΟΣ ΠΟΛΙΤΕΙΑΣ α'.

Κεφάλου ἐκέλευσε δραμόντα τὸν παῖδα περιμεῖναί ἑ κελεῦσαι. καί μου ὄπισθεν ὁ παῖς λαβόμενος τοῦ ἱματίου· 'κελεύει ὑμᾶς', ἔφη, 'Πολέμαρχος περιμεῖναι.' καὶ ἐγὼ μετεστράφην τε καὶ ἠρόμην, ὅπου αὐτὸς εἴη. 'οὗτος', ἔφη, 'ὄπισθεν προσέρχεται· ἀλλὰ περιμένετε.' 'ἀλλὰ περιμενοῦμεν', ἦ δ' ὃς ὁ Γλαύκων. καὶ ὀλίγῳ ὕστερον ὅ τε Πολέμαρχος ἧκε καὶ Ἀδείμαντος ὁ τοῦ Γλαύκωνος ἀδελφὸς καὶ Νικήρατος ὁ Νικίου καὶ ἄλλοι τινὲς ὡς ἀπὸ τῆς πομπῆς. ὁ οὖν Πολέμαρχος ἔφη· 'ὦ Σώκρατες, δοκεῖτέ μοι πρὸς ἄστυ ὡρμῆσθαι ὡς ἀπιόντες.' 'οὐ γὰρ κακῶς δοξάζεις', ἦν δ' ἐγώ. 'ὁρᾷς οὖν ἡμᾶς', ἔφη, 'ὅσοι ἐσμέν;' 'πῶς γὰρ οὔ;' 'ἢ τοίνυν τούτων', ἔφη, 'κρείττους γένεσθε ἢ μένετ' αὐτοῦ.' 'οὐκοῦν', ἦν δ' ἐγώ, 'ἔτι ἐλλείπεται τὸ ἢν πείσωμεν ὑμᾶς, ὡς χρὴ ἡμᾶς ἀφεῖναι;' 'ἦ καὶ δύναισθ' ἄν', ἦ δ' ὅς, 'πεῖσαι μὴ ἀκούοντας;' 'οὐδαμῶς', ἔφη ὁ Γλαύκων. 'ὡς τοίνυν μὴ ἀκουσομένων, οὕτω διανοεῖσθε.' καὶ ὁ Ἀδείμαντος· 'ἆρά γε', ἦ δ' ὅς, 'οὐδ' ἴστε, ὅτι λαμπὰς ἔσται πρὸς ἑσπέραν ἀφ' ἵππων τῇ θεῷ;' 'ἀφ' ἵππων;' ἦν δ' ἐγώ· 'καινόν γε τοῦτο. λαμπάδια ἔχοντες διαδώσουσιν ἀλλήλοις ἁμιλλώμενοι τοῖς ἵπποις; ἢ πῶς λέγεις;' 'οὕτως', ἔφη ὁ Πολέμαρχος· 'καὶ πρός γε παννυχίδα ποιήσουσιν, ἣν ἄξιον θεάσασθαι. ἐξαναστησόμεθα γὰρ μετὰ τὸ δεῖπνον καὶ τὴν παννυχίδα θεασόμεθα. καὶ ξυν-

---

2. μοῦ — λαβόμενος τοῦ ἱματίου. Parm. 126 A καί μου λαβόμενος τῆς χειρός.
4. οὗτος, hier, da. Arist. Wolk. 213 ΣΤΡ. ἀλλ' ἡ Λακεδαίμων ποῦ 'στιν; ΜΑΘ. ὅπου 'στίν; αὑτηί.
5. ἦ δ' ὅς, eine bei Platon sehr häufige, wahrscheinlich der Volkssprache entnommene Formel. Ging schon die Bedeutung der Konjunktion δὲ dadurch verloren, dafs die Redensart in die referierten Worte eingeschoben wurde, so sank das der Prosa entfremdete Demonstrativum ὅς fast zu einem bedeutungslosen Pleonasmus herab, seitdem an dasselbe ein Nomen mit dem Artikel angefügt wurde.
12. ἐλλείπεται τὸ ἤν. 352 D ὁ λόγος — περὶ τοῦ ὅντινα τρόπον χρὴ ζῆν.
14. ὡς τοίνυν. Fasset die Sache so auf, als ob ihr der Meinung wäret (ὡς), dafs man.

16. λαμπάς. Fackelläufe, namentlich zu Ehren der Licht- und Feuergottheiten (Athene, Hephaistos, Prometheus), waren in Athen und an anderen Orten nicht selten, aber sie wurden zu Fufse ausgeführt. Bei der hier erwähnten Art bestand die hauptsächliche Schwierigkeit darin, dafs die Fackel noch brennend dem Nächsten zu übergeben hatte. Ges. VI 776 B γεννῶντάς τε καὶ ἐκτρέφοντας παῖδας, καθάπερ λαμπάδα τὸν βίον παραδιδόντας ἄλλοις ἐξ ἄλλων. Dafs gerade bei einem ursprünglich thrakischen Feste Fackelläufe zu Pferde veranstaltet wurden, erklärt sich daraus, dafs die Thraker ausgezeichnete Reiter waren.

19. καὶ πρός γε, ac praeterea.

20. παννυχίς, pervigilium, pervigilatio, hauptsächlich aus Reigentänzen und Gesängen bestehend.

ἐσόμεθά τε πολλοῖς τῶν νέων αὐτόθι καὶ διαλεξόμεθα. ἀλλὰ μένετε καὶ μὴ ἄλλως ποιεῖτε.' καὶ ὁ Γλαύκων· 'ἔοικεν', ἔφη, 'μενετέον εἶναι.' 'ἀλλ' εἰ δοκεῖ', ἦν δ' ἐγώ, 'οὕτω χρὴ ποιεῖν.'

II. Ἦιμεν οὖν οἴκαδε εἰς τοῦ Πολεμάρχου καὶ Λυσίαν τε αὐτόθι κατελάβομεν καὶ Εὐθύδημον τοὺς τοῦ Πολεμάρχου ἀδελφοὺς καὶ δὴ καὶ Θρασύμαχον τὸν Καλχηδόνιον καὶ Χαρμαντίδην τὸν Παιανιέα καὶ Κλειτοφῶντα τὸν Ἀριστωνύμου· ἦν δ' ἔνδον καὶ ὁ πατὴρ ὁ τοῦ Πολεμάρχου Κέφαλος. καὶ μάλα πρεσβύτης μοι ἔδοξεν εἶναι· διὰ χρόνου γὰρ καὶ ἑωράκη αὐτόν. καθῆστο δὲ ἐστεφανωμένος ἐπί τινος προσκεφαλαίου τε καὶ δίφρου· τεθυκὼς γὰρ ἐτύγχανεν ἐν τῇ αὐλῇ. ἐκαθεζόμεθα οὖν παρ' αὐτόν· ἔκειντο γὰρ δίφροι τινὲς αὐτόθι κύκλῳ. εὐθὺς οὖν με ἰδὼν ὁ Κέφαλος ἠσπάζετό τε καὶ εἶπεν· 'ὦ Σώκρατες, οὐ δὲ θαμίζεις ἡμῖν καταβαίνων εἰς τὸν Πειραιᾶ· χρῆν

---

1. αὐτόθι, hier, beim Mahle im Hause des Polemarchos; denn auf den Ort, wo man sich den Fackellauf und die Nachtfeier ansah, kann es doch nicht gehen. Die Bemerkung ist auf Sokrates gemünzt, der den Verkehr und die Unterhaltung mit der Jugend über alles liebte.
2. μὴ ἄλλως ποιεῖτε, Formel der dringenden Aufforderung. 338 A. Krit. 46 A πείθου καὶ μὴ ἄλλως ποίει.
3. εἰ δοκεῖ, si placet.
4. οἴκαδε εἰς τοῦ Πολεμάρχου. Parm. 126 A ἐπειδὴ Ἀθήναζε οἴκοθεν ἐκ Κλαζομενῶν ἀφικόμεθα.
5. Εὐθύδημον usw. s. Einl. S. 2.
6. καὶ δὴ καί. Damit wird nach der Familie des Kephalos eine zweite und zwar eine sehr beachtliche Reihe eingeführt. H. Καλχηδόνιος, eine durch Metathesis der Aspiration entstandene Form, die in älterer Zeit neben Χαλκηδόνιος üblich war.
9. διὰ χρόνου, nach geraumer Zwischenzeit. χρόνος prägnant.
10. ἐστεφανωμένος. Die Opfernden trugen Kränze auf dem entblößten Haupte.
προσκεφάλαιον bezeichnet ursprünglich das Kissen, auf das sich der Speisende mit dem linken Arme stützt, hier offenbar ein Sitzkissen.
11. δίφρος, ein Schemel, ein Stuhl ohne Lehne. Auch bei Homer wird ein Fell darauf gelegt. Od. τ 97 φέρε δὴ δίφρον καὶ κῶας ἐπ' αὐτοῦ. Kephalos hielt sich offenbar nur vorübergehend im Zimmer auf; er hatte eben geopfert und entfernte sich bald wieder, um zu opfern.
αὐλή war der Hof, d. h. der unter freiem Himmel gelegene, von Säulengängen umschlossene Teil des Hauses, von dem aus man in die einzelnen Gemächer gelangte. Hier befand sich der Altar des Ζεὺς ἕρκειος. Von der αὐλή aus war auch der Zugang in den ἀνδρών, in dem man sich die Gäste des Polemarchos versammelt zu denken hat.
12. εὐθὺς beim Particip zur näheren Bestimmung des Zeitverhältnisses. 336 B διαλεγομένων ἡμῶν μεταξύ.
14. οὐ δέ, aber nicht. Ges. I 630 X κατ' εἴδη ζητεῖν αὐτῶν (τῶν ἀρετῶν) τοὺς νόμους, οὐ δ' ἅπερ οἱ τῶν νῦν εἴδη προτιθέμενοι ζητοῦσιν.
καταβαίνων εἰς τὸν Πειραιᾶ. Phaidros sagt im gleichnamigen

ΠΟΛΙΤΕΙΑΣ α΄.

μέντοι. εἰ μὲν γὰρ ἐγὼ ἔτι ἐν δυνάμει ἦ τοῦ ῥᾳδίως πορεύεσθαι πρὸς τὸ ἄστυ, οὐδὲν ἄν σε ἔδει δεῦρο ἰέναι, ἀλλ᾽ ἡμεῖς D ἂν παρὰ σὲ ἦμεν· νῦν δέ σε χρὴ πυκνότερον δεῦρο ἰέναι· ὡς εὖ ἴσθι ὅτι ἔμοιγε, ὅσον αἱ κατὰ τὸ σῶμα ἡδοναὶ ἀπομαραί- 5 νονται, τοσοῦτον αὔξονται αἱ περὶ τοὺς λόγους ἐπιθυμίαι τε καὶ ἡδοναί. μὴ οὖν ἄλλως ποίει, ἀλλὰ τοῖσδέ τε τοῖς νεανίαις ξύνισθι καὶ δεῦρο παρ᾽ ἡμᾶς φοίτα ὡς παρὰ φίλους τε καὶ πάνυ οἰκείους.' 'καὶ μήν', ἦν δ᾽ ἐγώ, 'ὦ Κέφαλε, χαίρω διαλεγόμενος τοῖς σφόδρα πρεσβύταις. δοκεῖ γάρ μοι χρῆναι παρ᾽ Ε 10 αὐτῶν πυνθάνεσθαι ὥσπερ τινὰ ὁδὸν προεληλυθότων, ἣν καὶ ἡμᾶς ἴσως δεήσει πορεύεσθαι, ποία τίς ἐστιν, τραχεῖα καὶ χαλεπή, ἢ ῥᾳδία καὶ εὔπορος· καὶ δὴ καὶ σοῦ ἡδέως ἂν πυθοίμην, ὅ τί σοι φαίνεται τοῦτο, ἐπειδὴ ἐνταῦθα ἤδη εἶ τῆς ἡλικίας, ὃ δὴ ἐπὶ γήραος οὐδῷ φασιν εἶναι οἱ ποιηταί, πότερον 15 χαλεπὸν τοῦ βίου ἢ πῶς σὺ αὐτὸ ἐξαγγέλλεις.'

III. ''Εγώ σοι', ἔφη, 'νὴ τὸν Δία ἐρῶ, ὦ Σώκρατες, οἷόν 329 γέ μοι φαίνεται. πολλάκις γὰρ συνερχόμεθά τινες εἰς ταὐτὸν παραπλησίαν ἡλικίαν ἔχοντες, διασῴζοντες τὴν παλαιὰν παροιμίαν. οἱ οὖν πλεῖστοι ἡμῶν ὀλοφύρονται ξυνιόντες, τὰς ἐν τῇ 20 νεότητι ἡδονὰς ποθοῦντες καὶ ἀναμιμνησκόμενοι περί τε τἀφροδίσια καὶ περὶ πότους καὶ εὐωχίας καὶ ἄλλ᾽ ἄττα ἃ τῶν τοιού-

Dialog (230 C) zu Sokrates: ἀτεχνῶς — ξεναγουμένῳ τινὶ καὶ οὐκ ἐπιχωρίῳ ἔοικας· οὕτως ἐκ τοῦ ἄστεος οὔτ᾽ εἰς τὴν ὑπερορίαν ἀποδημεῖς, οὔτ᾽ ἔξω τείχους ἔμοιγε δοκεῖς τὸ παράπαν ἐξιέναι.
6. τοῖσδε τοῖς νεανίαις ξύνισθι. Darunter sind wegen des Gegensatzes καὶ δεῦρο παρ᾽ ἡμᾶς φοίτα die anwesenden jungen Athener zu verstehen. S. Einl. S. 2.
14. ἐπὶ γήραος οὐδῷ liest man Il. Χ 60, Hesiod, Tage u. W. 331. οὐδός ist hier nicht die Schwelle, über welche man ins Alter eintritt, der Eintritt des Greisenalters, sondern die Schwelle, über die man im höchsten Alter ins Jenseits eingeht, also die äufserste Grenze des Greisenalters. Eustath. zur Stelle der Il.: ὑπέργηρως καὶ ἤδη καὶ αὐτὸ τὸ γῆρας ὑπεξιὼν καὶ πρὸς τῷ θανάτῳ ὤν.

15. χαλεπὸν τοῦ βίου, das Schwere am Leben. Xen. mem. I, 6, 4 ἐπισκεψώμεθα, τί χαλεπὸν ᾔσθησαι τοὐμοῦ βίου.
16. οἷόν σοι. Platons Apologie des Alters hat Cicero in seinem Cato maior verwertet.
οἷον hat wie ὅ in Fragen nur prädikative Bedeutung. 332 C ἠνίξατο — τὸ δίκαιον ὃ εἴη. 354 C ὁπότε τὸ δίκαιον μὴ οἶδα ὅ ἐστιν.
18. παροιμίαν. Schol. zu Phaidr. 240 C ἧλιξ ἥλικα τέρπε, γέρων δέ τε τέρπει γέροντα.
19. οἱ οὖν πλεῖστοι. Cic. Cat. m. 3,7 Saepe interfui querelis aequalium meorum — pares autem v:tere proverbio cum paribus facillime congregantur — quae deplorare solebant, tum quod voluptatibus carerent, sine quibus vitam nullam putarent, tum quod spernerentur ab eis, a quibus essent coli soliti.
ξυνιόντες = ὅταν ξυνίωσιν.

των έχεται, και άγανακτοῦσιν ώς μεγάλων τινῶν ἀπεστερημένοι και τότε μὲν εὖ ζῶντες, νῦν δὲ οὐδὲ ζῶντες· ἔνιοι δὲ και τὰς B τῶν οἰκείων προπηλακίσεις τοῦ γήρως ὀδύρονται, και ἐπὶ τούτῳ δὴ τὸ γῆρας ὑμνοῦσιν ὅσων κακῶν σφίσιν αἴτιον. ἐμοὶ δὲ δοκοῦσιν, ὦ Σώκρατες, οὗτοι οὐ τὸ αἴτιον αἰτιᾶσθαι. εἰ γὰρ ἦν 5 τοῦτ' αἴτιον, κἂν ἐγὼ τὰ αὐτὰ ταῦτα ἐπεπόνθη ἕνεκά γε γήρως και οἱ ἄλλοι πάντες ὅσοι ἐνταῦθα ἦλθον ἡλικίας. νῦν δ' ἔγωγε ἤδη ἐντετύχηκα οὐχ οὕτως ἔχουσιν καὶ ἄλλοις καὶ δὴ καὶ Σοφοκλεῖ ποτε τῷ ποιητῇ παρεγενόμην ἐρωτωμένῳ ὑπό C τινος· 'πῶς', ἔφη, 'ὦ Σοφόκλεις, ἔχεις πρὸς τἀφροδίσια; ἔτι 10 οἷός τε εἶ γυναικὶ συγγίγνεσθαι;' καὶ ὅς· 'εὐφήμει', ἔφη, 'ὦ ἄνθρωπε· ἀσμενέστατα μέντοι αὐτὸ ἀπέφυγον, ὥσπερ λυττῶντά τινα καὶ ἄγριον δεσπότην ἀποφυγών.' εὖ οὖν μοι καὶ τότε ἔδοξεν ἐκεῖνος εἰπεῖν καὶ νῦν οὐχ ἧττον. παντάπασι γὰρ τῶν γε τοιούτων ἐν τῷ γήρᾳ πολλὴ εἰρήνη γίγνεται καὶ ἐλευθερία· 15 ἐπειδὰν αἱ ἐπιθυμίαι παύσωνται κατατείνουσαι καὶ χαλάσωσιν, D παντάπασιν τὸ τοῦ Σοφοκλέους γίγνεται· δεσποτῶν πάνυ πολ-

2. τότε μὲν εὖ ζῶντες, νῦν δὲ οὐδὲ ζῶντες. Während sonst in der Verbindung καὶ τότε καὶ νῦν das Verb nur einmal und zwar im Präsens gesetzt wird (Soph. Ant. 181 νῦν τε καὶ πάλαι δοκεῖ), ist es hier wiederholt, weil die zwei Zeitpunkte scharf auseinander gehalten werden sollen. Abweichend vom gewöhnlichen Sprachgebrauch heißt es 329 C εὖ οὖν μοι καὶ τότε ἔδοξεν ἐκεῖνος εἰπεῖν καὶ νῦν οὐχ ἧττον. οὐδὲ ζῶντες. Soph. Ant. 1165 τὰς γὰρ ἡδονὰς ὅταν προδῶσιν ἄνδρες, οὐ τίθημ' ἐγὼ ζῆν τοῦτον, ἀλλ' ἔμψυχον ἡγοῦμαι νεκρόν.
τὰς τῶν οἰκείων προπηλ. τοῦ γήρως, die schlechte Behandlung, welche die Angehörigen dem Alter angedeihen lassen.
3. ἐπὶ τούτῳ — ὑμνοῦσιν. ὑμνεῖν steht im Sinne von λοιδορεῖν.
4. ἐμοὶ δὲ δοκοῦσιν. Cic. Cat. m. 3, 7 Qui mihi non id videbantur accusare, quod esset accusandum. Nam si id culpa senectutis accideret, eadem mihi usu venirent reliquisque omnibus maioribus natu.

6. ἕνεκα γήρως, in Ansehung des Alters, dem Alter nach. 337 D ἕνεκα ἀργυρίου, was das Geld anlangt.
9. Σοφοκλεῖ. Cic. Cat. m. 14, 47 Bene Sophocles, cum ex eo quidam iam affecto aetate quaereret, utereturne rebus veneriis: 'di meliora!', inquit, 'ego vero libenter istinc sicut a domino agresti ac furioso profugi.'
10. ἔφη nach ἐρωτωμένῳ pleonastisch hinzugefügt, wie oft ἔφη nach εἶπεν steht. Entsprechend steht 336 A τὸ φάναι als Apposition bei τὸ ῥῆμα.
12. αὐτό, nämlich τὸ γυναικὶ συγγίγνεσθαι.
14. οὐχ ἧττον, noch mehr, im Sinne einer Litotes.
16. ἐπειδάν. Asyndeton. Der Satz enthält eine Epexegese zum vorhergehenden.
κατατείνουσαι καὶ χαλάσωσιν. Phaid. 86 C ὅταν χαλασθῇ τὸ σῶμα ἡμῶν ἀμέτρως ἢ ἐπιταθῇ ὑπὸ νόσων ἢ ἄλλων κακῶν.

λῶν ἔστι καὶ μαινομένων ἀπηλλάχθαι. ἀλλὰ καὶ τούτων πέρι καὶ τῶν γε πρὸς τοὺς οἰκείους μία τις αἰτία ἐστίν, οὐ τὸ γῆρας, ὦ Σώκρατες, ἀλλ' ὁ τρόπος τῶν ἀνθρώπων. ἂν μὲν γὰρ κόσμιοι καὶ εὔκολοι ὦσιν, καὶ τὸ γῆρας μετρίως ἐστὶν ἐπίπονον· εἰ δὲ μή, καὶ γῆρας, ὦ Σώκρατες, καὶ νεότης χαλεπὴ τῷ τοιούτῳ ξυμβαίνει.'

IV. Καὶ ἐγὼ ἀγασθεὶς αὐτοῦ εἰπόντος ταῦτα, βουλόμενος ἔτι λέγειν αὐτὸν ἐκίνουν καὶ εἶπον· 'ὦ Κέφαλε, οἶμαί σου τοὺς Ε πολλούς, ὅταν ταῦτα λέγῃς, οὐκ ἀποδέχεσθαι, ἀλλ' ἡγεῖσθαί 10 σε ῥᾳδίως τὸ γῆρας φέρειν οὐ διὰ τὸν τρόπον, ἀλλὰ διὰ τὸ πολλὴν οὐσίαν κεκτῆσθαι· τοῖς γὰρ πλουσίοις πολλὰ παραμύθιά φασιν εἶναι.' 'ἀληθῆ', ἔφη, 'λέγεις· οὐ γὰρ ἀποδέχονται. καὶ λέγουσι μὲν τί, οὐ μέντοι γε ὅσον οἴονται, ἀλλὰ τὸ τοῦ Θεμιστοκλέους εὖ ἔχει, ὃς τῷ Σεριφίῳ λοιδορουμένῳ καὶ λέγοντι, 15 ὅτι οὐ δι' αὑτὸν ἀλλὰ διὰ τὴν πόλιν εὐδοκιμοῖ, ἀπεκρίνατο, 330 ὅτι οὔτ' ἂν αὐτὸς Σερίφιος ὢν ὀνομαστὸς ἐγένετο οὔτ' ἐκεῖνος Ἀθηναῖος. καὶ τοῖς δὴ μὴ πλουσίοις, χαλεπῶς δὲ τὸ γῆρας

1. ἔστιν — ἀπηλλάχθαι, est, ut. 331 C αὐτὰ ταῦτά ἐστιν ἐνίοτε μὲν δικαίως, ἐνίοτε δὲ ἀδίκως ποιεῖν; Horat. Od. III, 1, 9 est, ut viro vir latius ordinet arbusta sulcis.
ἀλλὰ καὶ τούτων. Cic. Cat. m. 3, 7 Sed omnium istius modi querelarum in moribus est culpa, non in aetate. Moderati enim et nec difficiles nec inhumani senes tolerabilem senectutem agunt, importunitas autem et inhumanitas omni aetati molesta est.
τούτων πέρι — αἰτία, eine bei Platon häufige Verbindung. S. zu Phaid 95 E.
4. εὔκολοι. Von Sophokles sagt Arist. Frösche 82 δ δ' εὔκολος μὲν ἐνθάδ', εὔκολος δ' ἐκεῖ.
8. κινεῖν, zum Reden veranlassen, anregen, reizen. Lys. 223 A ἐν νῷ εἶχον ἄλλον ἤδη τινὰ τῶν πρεσβυτέρων κινεῖν.
οἶμαι. Cic. Cat. m. 3, 8 Sed fortasse dixerit quispiam, tibi propter opes et copias et dignitatem tuam tolerabiliorem senectutem videri; id autem non posse multis contingere.

12. φασὶν häufig bei Sprichwörtern.
13. λέγουσι μὲν τί, sie haben bis zu einem gewissen Grade recht. Cic. Cat. a. a. O. Est istud quidem aliquid; sed nequaquam in isto sunt omnia; ut Themistocles fertur Seriphio cuidam in iurgio respondisse, cum ille dixisset, non eum sua, sed patriae gloria splendorem assecutum: 'nec hercule,' inquit, 'si ego Seriphius essem, nec tu, si Atheniensis, clarus unquam fuisses.' Quod eodem modo de senectute dici potest. Nec enim in summa inopia levis esse senectus potest ne sapienti quidem, nec insipienti etiam in summa copia non gravis.
14. τῷ Σεριφίῳ, Seriphio illi, da der Seriphier durch dieses Vorkommnis bekannt geworden ist. Seriphos ist eine der kykladischen Inseln, felsig, arm und unbedeutend, später als Verbannungsort mehrfach genannt. Anders erzählt Herodot VIII, 125 den Hergang.
λοιδορουμένῳ καὶ λέγοντι. Das Imperfekt drückt die Dauer aus.

φέρουσιν εὖ ἔχει ὁ αὐτὸς λόγος, ὅτι οὔτ' ἂν ὁ ἐπιεικὴς πάνυ τι ῥᾳδίως γῆρας μετὰ πενίας ἐνέγκοι, οὔθ' ὁ μὴ ἐπιεικὴς πλουτήσας εὔκολός ποτ' ἂν ἑαυτῷ γένοιτο.' 'πότερον δέ', ἦν δ' ἐγώ, 'ὦ Κέφαλε, ὧν κέκτησαι τὰ πλείω παρέλαβες ἢ ἐπεκτήσω;'
B 'ποῖ' ἐπεκτησάμην', ἔφη, 'ὦ Σώκρατες; μέσος τις γέγονα χρη- 5 ματιστὴς τοῦ τε πάππου καὶ τοῦ πατρός. ὁ μὲν γὰρ πάππος τε καὶ ὁμώνυμος ἐμοὶ σχεδόν τι ὅσην ἐγὼ νῦν οὐσίαν κέκτημαι παραλαβὼν πολλάκις τοσαύτην ἐποίησεν, Λυσανίας δὲ ὁ πατὴρ ἔτι ἐλάττω αὐτὴν ἐποίησε τῆς νῦν οὔσης· ἐγὼ δὲ ἀγαπῶ, ἐὰν μὴ ἐλάττω καταλίπω τούτοισιν, ἀλλὰ βραχεῖ γέ τινι πλείω 10 ἢ παρέλαβον.' 'οὗ τοι ἕνεκα ἠρόμην', ἦν δ' ἐγώ, 'ὅτι μοι
C ἔδοξας οὐ σφόδρα ἀγαπᾶν τὰ χρήματα. τοῦτο δὲ ποιοῦσιν ὡς τὸ πολὺ οἵ ἂν μὴ αὐτοὶ κτήσωνται· οἱ δὲ κτησάμενοι διπλῇ ἢ οἱ ἄλλοι ἀσπάζονται αὐτά. ὥσπερ γὰρ οἱ ποιηταὶ τὰ αὑτῶν ποιήματα καὶ οἱ πατέρες τοὺς παῖδας ἀγαπῶσιν, ταύτῃ τε δὴ 15 καὶ οἱ χρηματισάμενοι περὶ τὰ χρήματα σπουδάζουσιν ὡς ἔργον ἑαυτῶν, καὶ κατὰ τὴν χρείαν, ᾗπερ οἱ ἄλλοι. χαλεποὶ οὖν καὶ ξυγγενέσθαι εἰσίν, οὐδὲν ἐθέλοντες ἐπαινεῖν ἀλλ' ἢ τὸν πλοῦτον.' 'ἀληθῆ', ἔφη, 'λέγεις.'
D V. 'Πάνυ μὲν οὖν', ἦν δ' ἐγώ. 'ἀλλά μοι ἔτι τοσόνδε 20 εἰπέ· τί μέγιστον οἴει ἀγαθὸν ἀπολελαυκέναι τοῦ πολλὴν οὐσίαν κεκτῆσθαι;' 'ὅ', ἦ δ' ὅς, 'ἴσως οὐκ ἂν πολλοὺς πείσαιμι λέγων. εὖ γὰρ ἴσθι', ἔφη, 'ὦ Σώκρατες, ὅτι, ἐπειδάν τις ἐγ-

---

7. ὁμώνυμος. Grofsvater und Enkel führen bei den Griechen meist denselben Namen.
8. πολλάκις, vielmal. Theait. 175 A πολλάκις μυρίοι.
10. τούτοισιν. 345 E αὑτοῖσιν.
11. οὗ. Als Korrelat zu οὗ ist zu denken τοῦτ' ἔστιν. Lys. 204 D καὶ ὅ ἐστι τούτων δεινότερον, ὅτι καὶ ᾄδει εἰς τὰ παιδικὰ φωνῇ θαυμασίᾳ.
14. ὥσπερ γάρ. Es wird ausgeführt, warum die, welche 'selbst Vermögen erworben haben, dasselbe doppelt so sehr lieben, wie die andern. Die mit ὥσπερ angefangene Vergleichung wird nur durch das καί vor οἱ χρηματισάμενοι berücksichtigt. ταύτῃ τε giebt den ersten und hauptsächlichsten der mit διπλῇ angekündigten Gründe an, denn sich nur bei denen findet, die daß Geld selbst erworben haben. Der zweite, nur kurz angedeutete folgt mit der dem τε entsprechenden Partikel καί und giebt den allen Reichen (ᾗπερ οἱ ἄλλοι) gemeinsamen Grund an.
17. χαλεποὶ — εἰσίν, es is schwierig.
21. ἀπολελαυκέναι τοῦ. In dem selben Sinne wird ἀπολαύειν auch mit ἀπό konstruiert. Euthyd. 299 ἃ πόλλ' ἀγαθὰ ἀπὸ τῆς ὑμετέρας σοφίας ταύτης ἀπολέλαυκεν ὁ πατὴρ ὁ ὑμέτερος.
22. οὐκ ἂν πολλούς. Meist verwendet man ja den Reichtum an die Annehmlichkeiten des Lebens

ΠΟΛΙΤΕΙΑΣ α'.

γὺς ᾖ τοῦ οἴεσθαι τελευτήσειν, εἰσέρχεται αὐτῷ δέος καὶ φροντὶς περὶ ὧν ἔμπροσθεν οὐκ εἰσῄει. οἵ τε γὰρ λεγόμενοι μῦθοι περὶ τῶν ἐν Ἅιδου, ὡς τὸν ἐνθάδε ἀδικήσαντα δεῖ ἐκεῖ διδόναι δίκην, καταγελώμενοι τέως, τότε δὴ στρέφουσιν αὐτοῦ τὴν Ε ψυχὴν μὴ ἀληθεῖς ὦσιν· καὶ αὐτὸς ἤτοι ὑπὸ τῆς τοῦ γήρως ἀσθενείας ἢ καὶ ὥσπερ ἤδη ἐγγυτέρω ὢν τῶν ἐκεῖ μᾶλλόν τι καθορᾷ αὐτά. ὑποψίας δ' οὖν καὶ δείματος μεστὸς γίγνεται καὶ ἀναλογίζεται ἤδη καὶ σκοπεῖ, εἴ τινά τι ἠδίκηκεν. ὁ μὲν οὖν εὑρίσκων ἑαυτοῦ ἐν τῷ βίῳ πολλὰ ἀδικήματα καὶ ἐκ τῶν ὕπνων, ὥσπερ οἱ παῖδες, θαμὰ ἐγειρόμενος δειμαίνει καὶ ζῇ μετὰ κακῆς ἐλπίδος· τῷ δὲ μηδὲν ἑαυτῷ ἄδικον ξυνειδότι ἡδεῖα ἐλπὶς 331 ἀεὶ πάρεστι καὶ ἀγαθὴ γηροτρόφος, ὡς καὶ Πίνδαρος λέγει. χαριέντως γάρ τοι, ὦ Σώκρατες, τοῦτ' ἐκεῖνος εἶπεν, ὅτι ὃς ἂν δικαίως καὶ ὁσίως τὸν βίον διαγάγῃ,

γλυκεῖά οἱ καρδίαν ἀτάλλοισα γηροτρόφος συναορεῖ
ἐλπίς, ἃ μάλιστα θνατῶν πολύστροφον γνώμαν κυβερνᾷ.

εὖ οὖν λέγει θαυμαστῶς ὡς σφόδρα. πρὸς δὴ τοῦτ' ἔγωγε τίθημι τὴν τῶν χρημάτων κτῆσιν πλείστου ἀξίαν εἶναι, οὔ τι παντὶ ἀνδρί, ἀλλὰ τῷ ἐπιεικεῖ. τὸ γὰρ μηδὲ ἄκοντά τινα ἐξ- Β απατῆσαι ἢ ψεύσασθαι, μηδ' αὖ ὀφείλοντα ἢ θεῷ θυσίας τινὰς ἢ ἀνθρώπῳ χρήματα ἔπειτα ἐκεῖσε ἀπιέναι δεδιότα, μέγα μέρος εἰς τοῦτο ἡ τῶν χρημάτων κτῆσις συμβάλλεται. ἔχει δὲ καὶ ἄλλας χρείας πολλάς· ἀλλά γε ἓν ἀνθ' ἑνὸς οὐκ ἐλάχιστον ἔγωγε θείην ἂν εἰς τοῦτο ἀνδρὶ νοῦν ἔχοντι, ὦ Σώκρατες,

---

3. ἐκεῖ, wie ἐκεῖσε (331 B) von der Unterwelt gesagt.
6. ὥσπερ, quippe quoniam, natürlich weil, einen selbstverständlichen Umstand einführend.
7. δ' οὖν, sicherlich aber. ἀναλογίζεσθαι, noch einmal überrechnen.
9. ἑαυτοῦ gehört zu πολλὰ ἀδικήματα.
11. ἐλπὶς καὶ ἐπὶ καλοῦ καὶ ἐπὶ κακοῦ. Thom. Mag.
ἡδεῖα. Der Zusammenhang fordert ἡδεῖα auf ἐλπὶς zu beziehen und dann notwendig auch ἀγαθή, so daſs γηροτρόφος allein als Apposition die Anführung der Pindarischen Stelle einleitet.
12. Πίνδαρος, der Hauptvertreter der dorischen Lyrik, lebte zur Zeit der Perserkriege. Das Gedicht, dem die citierten Verse entnommen sind, ist uns nicht erhalten.
17. θαυμαστῶς ὡς σφόδρα dem Sinne nach gleich θαυμαστόν ἐστιν ὡς σφόδρα. 350 D μετὰ ἱδρῶτος θαυμαστοῦ ὅσου.
19. τὸ — ἀπιέναι, denn was das anbetrifft, daſs einer usw. Der Infinitiv mit τὸ wird durch εἰς τοῦτο wieder aufgenommen. Mit diesem Satze führt Kephalos aus, was er unter δικαίως καὶ ὁσίως τὸν βίον διάγειν versteht.
23. ἀλλά γε, aber doch.
ἓν ἀνθ' ἑνός, eins gegen das andere gehalten, d. i. besonders, gerade.

πλοῦτον χρησιμώτατον εἶναι.' 'παγκάλως', ἦν δ' ἐγώ, 'λέγεις,
ὦ Κέφαλε. τοῦτο δ' αὐτό, τὴν δικαιοσύνην, πότερα τὴν ἀλήθειαν αὐτὸ φήσομεν εἶναι ἁπλῶς οὕτως καὶ τὸ ἀποδιδόναι, ἄν
τίς τι παρά του λάβῃ, ἢ καὶ αὐτὰ ταῦτα ἔστιν ἐνίοτε μὲν δικαίως, ἐνίοτε δὲ ἀδίκως ποιεῖν; οἶον τοιόνδε λέγω· πᾶς ἄν ς
που εἴποι, εἴ τις λάβοι παρὰ φίλου ἀνδρὸς σωφρονοῦντος ὅπλα,
εἰ μανεὶς ἀπαιτοῖ, ὅτι οὔτε χρὴ τὰ τοιαῦτα ἀποδιδόναι, οὔτε
δίκαιος ἄν εἴη ὁ ἀποδιδούς, οὐδ' αὖ πρὸς τὸν οὕτως ἔχοντα
πάντα ἐθέλων τἀληθῆ λέγειν.' 'ὀρθῶς', ἔφη, 'λέγεις.' 'οὐκ
ἄρα οὗτος ὅρος ἐστὶν δικαιοσύνης, ἀληθῆ τε λέγειν καὶ ἃ ἂν 10
λάβῃ τις ἀποδιδόναι.' 'πάνυ μὲν οὖν', ἔφη, 'ὦ Σώκρατες',
ὑπολαβὼν ὁ Πολέμαρχος, 'εἴπερ γέ τι χρὴ Σιμωνίδῃ πείθεσθαι.' 'καὶ μέντοι', ἔφη ὁ Κέφαλος, 'καὶ παραδίδωμι ὑμῖν τὸν
λόγον· δεῖ γάρ με ἤδη τῶν ἱερῶν ἐπιμεληθῆναι.' 'οὐκοῦν',
ἔφην ἐγώ, 'ὁ Πολέμαρχος τῶν γε σῶν κληρονόμος;' 'πάνυ γε', 15
ἦ δ' ὃς γελάσας· καὶ ἅμα ᾔει πρὸς τὰ ἱερά.

2. τοῦτο αὐτό, hoc ipsum, bezeichnet die Sache, von der gerade die Rede ist. Ebenso steht αὐτό. πότερα τὴν ἀλήθειαν. Sokrates drückt jetzt positiv aus, was Kephalos vorher in negativer Fassung gegeben hatte. ἀλήθεια entspricht dem μηδὲ ἀκοντά τινα ἐξαπατῆσαι ἢ ψεύσασθαι, ist also Wahrhaftigkeit, Ehrlichkeit in Worten und Werken. τὸ ἀποδιδόναι, ἄν τίς τι παρά του λάβῃ entspricht dem μηδ' αὖ ὀφείλειν ἢ θεῷ θυσίας τινὰς ἢ ἀνθρώπῳ χρήματα. Vgl. Einleitung S. 11.
3. ἁπλῶς οὕτως, ohne alle Einschränkung.
5. οἶον τοιόνδε λέγω, Formel zur Einführung eines Beispieles. 353 D οἶον τὸ τοιόνδε.
6. εἴ τις λάβοι. Cic. de off. III, 25, 95 si gladium quis apud te sana mente deposuerit, repetat insaniens, reddere peccatum sit, officium non reddere.
7. ἀπαιτοῖ, natürlich ὁ φίλος.
11. πάνυ μὲν οὖν. Zu ergänzen ist οὗτος ὅρος ἐστὶν δικαιοσύνης. Polemarch nimmt sich seines Vaters an.

12. Σιμωνίδης aus Keos, der vielseitigste lyrische Dichter der Griechen, erlangte durch die in seine Gedichte eingestreuten allgemein verständlichen Äufserungen über sittliche und religiöse Fragen einen ungemeinen Einflufs auf die Denkart der Griechen. Deshalb liebten es namentlich die Sophisten auf ihn zurückzugeben und ihn als Autorität hinzustellen.
13. καὶ παραδίδωμι. Cic. ad Att. IV, 16, 3 Quod in iis libris, quos laudas, personam desideras Scaevolae, non eam temere dimovi, sed feci idem, quod in politeia deus ille noster Plato. Cum in Piraeeum Socrates venisset ad Cephalum locupletem et festivum senem, quoad primus ille sermo haberetur, adest in disputando senex, deinde cum ipse quoque commodissime locutus esset, ad rem divinam dicit se velle discedere neque postea revertitur. Credo Platonem vix putasse satis consonum fore, si hominem id aetatis in tam longo sermone diutius retinuisset.
16. γελάσας. Kephalos mufste über die launige Wendung des Sokrates lachen, der seinem ältesten

ΠΟΛΙΤΕΙΑΣ α'. 27

VI. 'Λέγε δή', εἶπον ἐγώ, 'σὺ ὁ τοῦ λόγου κληρονόμος, Ε τί φῂς τὸν Σιμωνίδην λέγοντα ὀρθῶς λέγειν περὶ δικαιοσύνης;' 'ὅτι', ἦ δ' ὅς, 'τὸ τὰ ὀφειλόμενα ἑκάστῳ ἀποδιδόναι δίκαιόν ἐστι· τοῦτο λέγων δοκεῖ ἔμοιγε καλῶς λέγειν.' 'ἀλλὰ μέντοι', ἦν δ' ἐγώ, 'Σιμωνίδῃ γε οὐ ῥᾴδιον ἀπιστεῖν· σοφὸς γὰρ καὶ θεῖος ἀνήρ· τοῦτο μέντοι ὅ τί ποτε λέγει, σὺ μέν, ὦ Πολέμαρχε, ἴσως γιγνώσκεις, ἐγὼ δὲ ἀγνοῶ. δῆλον γὰρ ὅτι οὐ τοῦτο λέγει, ὅπερ ἄρτι ἐλέγομεν, τό τινος παρακαταθεμένου τι ὁτῳοῦν μὴ σωφρόνως ἀπαιτοῦντι ἀποδιδόναι· καίτοι γε ὀφειλόμενόν πού ἐστι τοῦτο, ὃ παρακατέθετο· ἢ γάρ;' 'ναί.' 332 'ἀποδοτέον δέ γε οὐδ' ὁπωστιοῦν τότε, ὁπότε τις μὴ σωφρόνως ἀπαιτοῖ;' 'ἀληθῆ', ἦ δ' ὅς. 'ἄλλο δή τι ἢ τὸ τοιοῦτον, ὡς ἔοικεν, λέγει Σιμωνίδης τὸ τὰ ὀφειλόμενα δίκαιον εἶναι ἀποδιδόναι.' 'ἄλλο μέντοι νὴ Δί'', ἔφη. 'τοῖς γὰρ φίλοις οἴεται ὀφείλειν τοὺς φίλους ἀγαθὸν μέν τι δρᾶν, κακὸν δὲ μηδέν.' 'μανθάνω', ἦν δ' ἐγώ· 'ὅτι οὐ τὰ ὀφειλόμενα ἀποδίδωσιν, ὃς ἄν τῳ χρυσίον ἀποδῷ παρακαταθεμένῳ, ἐάνπερ ἡ ἀπόδοσις Β καὶ ἡ λῆψις βλαβερὰ γίγνηται, φίλοι δὲ ὦσιν ὅ τε ἀπολαμβάνων καὶ ὁ ἀποδιδούς· οὐχ οὕτω λέγειν φῂς τὸν Σιμωνίδην;' 'πάνυ μὲν οὖν.' 'τί δέ; τοῖς ἐχθροῖς ἀποδοτέον, ὅ τι ἂν τύχῃ ὀφειλόμενον;' 'παντάπασι μὲν οὖν', ἔφη, 'ὅ γε ὀφείλεται αὐτοῖς· ὀφείλεται δέ γε, οἶμαι, παρά γε τοῦ ἐχθροῦ τῷ ἐχθρῷ, ὅπερ καὶ προσήκει, κακόν τι.'

VII. 'Ἠινίξατο ἄρα', ἦν δ' ἐγώ, 'ὡς ἔοικεν, ὁ Σιμωνί-

Sohne auch die Nachfolge in der Unterredung überträgt.
1. εἶπον ἐγὼ der direkten Rede eingefügt, wie 340 C, nachgestellt 337 C.
ὁ τοῦ λόγου κληρονόμος. Entsprechend heifst Symp. 177 D Phaidros, der ein Gespräch veranlafst hatte, πατὴρ τοῦ λόγου.
3. ὅτι. Die Stelle des Simonides selbst ist uns nicht erhalten.
ἀποδιδόναι heifst, wie reddere, nicht nur zurückgeben, was man erhalten hat, sondern auch geben, was man zu geben verpflichtet ist. Die letztere Bedeutung hat es offenbar im Ausspruch des Simonides.
5. σοφὸς καὶ θεῖος. Auch 335 E wird Simonides nebst Bias und Pit-

takos zu den σοφοὶ καὶ μακάριοι ἄνδρες gezählt. θεῖος wie μακάριος werden von solchen gebraucht, die über das übliche menschliche Mafs weit hinausragen.
16. ὅτι ist nicht von μανθάνω abhängig, sondern giebt den Grund für die Meinung des Simonides an. Es ist also τοῦτο οἴεται davor zu ergänzen.
22. ὀφείλεται — παρά γε τοῦ ἐχθροῦ. Ebenso steht παρα beim Passiv Sympos. 175 E οἶμαι γὰρ με παρὰ σοῦ πολλῆς καὶ καλῆς σοφίας πληρωθήσεσθαι.
24. αἰνίττεσθαι häufig von solchen, die sich uneigentlich oder ungenau ausdrücken, also besonders von Dichtern. Bei Simonides

C δης ποιητικῶς τὸ δίκαιον ὃ εἴη. διενοεῖτο μὲν γάρ, ὡς φαίνεται, ὅτι τοῦτ᾽ εἴη δίκαιον, τὸ προσῆκον ἑκάστῳ ἀποδιδόναι, τοῦτο δὲ ὠνόμασεν ὀφειλόμενον.' 'ἀλλὰ τί οἴει;' ἔφη. 'ὦ πρὸς Διός', ἦν δ᾽ ἐγώ, 'εἰ οὖν τις αὐτὸν ἤρετο· ὦ Σιμωνίδη, ἡ τίσιν οὖν τί ἀποδιδοῦσα ὀφειλόμενον καὶ προσῆκον τέχνη 5 ἰατρικὴ καλεῖται; τί ἂν οἴει ἡμῖν αὐτὸν ἀποκρίνασθαι;' 'δῆλον ὅτι', ἔφη, 'ἡ σώμασιν φάρμακά τε καὶ σιτία καὶ ποτά.' 'ἡ δὲ τίσι τί ἀποδιδοῦσα ὀφειλόμενον καὶ προσῆκον τέχνη μαγειρικὴ D καλεῖται;' 'ἡ τοῖς ὄψοις τὰ ἡδύσματα.' 'εἶεν· ἡ οὖν δὴ τίσι τί ἀποδιδοῦσα τέχνη δικαιοσύνη ἂν καλοῖτο;' 'εἰ μέν τι', ἔφη, 10 'δεῖ ἀκολουθεῖν, ὦ Σώκρατες, τοῖς ἔμπροσθεν εἰρημένοις, ἡ τοῖς φίλοις τε καὶ ἐχθροῖς ὠφελίας τε καὶ βλάβας ἀποδιδοῦσα.' 'τὸ τοὺς φίλους ἄρα εὖ ποιεῖν καὶ τοὺς ἐχθροὺς κακῶς δικαιοσύνην λέγει;' 'δοκεῖ μοι.' 'τίς οὖν δυνατώτατος κάμνοντας φίλους εὖ ποιεῖν καὶ ἐχθροὺς κακῶς πρὸς νόσον καὶ 15 E ὑγίειαν;' 'ἰατρός.' 'τίς δὲ πλέοντας πρὸς τὸν τῆς θαλάττης κίνδυνον;' 'κυβερνήτης.' 'τί δὲ ὁ δίκαιος; ἐν τίνι πράξει καὶ πρὸς τί ἔργον δυνατώτατος φίλους ὠφελεῖν καὶ ἐχθροὺς

unterlag der Begriff τὰ ὀφειλόμενα der Möglichkeit eines Mifsverständnisses.
2. τὸ προσῆκον, das Zukommende oder Gebührende, ist also ein weiterer Begriff, als τὸ ὀφειλόμενον, das Schuldige, bei dem man zunächst an die Rückgabe des Anvertrauten und an das Festhalten an der Wahrheit denkt. Fafst man τὸ ὀφειλόμενον im Sinne von τὸ προσῆκον, so ist der Einwand des Sokrates beseitigt, dafs es unter Umständen nicht gerecht ist die Wahrheit zu sagen und das Anvertraute zurückzugeben.
3. ἀλλὰ τί οἴει; Damit drückt Sokrates aus, dafs er die Zustimmung des Polemarchos erwartet. ἔφη, affirmavit, assensus est.
4. ἡ τίσιν οὖν τί ἀποδιδοῦσα. Wem giebt die Kunst das Schuldige und welches Schuldige giebt sie ihm, wenn sie Heilkunst genannt sein will? In dieser Konstruktion wird das Participium durch das Verbum finitum, das Verbum finitum durch

einen Nebensatz gegeben. Ebenso ist zu verfahren, wenn das Fragepronomen in einem Nebensatze steht, wie 333 C ὅταν οὖν τί δέῃ κτλ.
5. τέχνη bezeichnet entsprechend dem lateinischen ars ebenso jede Kunst und Kunstfertigkeit, wie jede Wissenschaft. Vgl. 342 C. Wenn man die Gerechtigkeit definiert als τὸ προσῆκον ἑκάστῳ ἀποδιδόναι, so ist diese Erklärung deshalb zu weit, weil sie auf jede τέχνη pafst. Zweierlei sucht also Sokrates näher zu bestimmen: Was ist τὸ ὀφειλόμενον? Was hat man unter ἕκαστος zu denken?
9. ὄψον, jede zubereitete Speise, die man zum σῖτος d. h. den aus Getreide bereiteten Nahrungsmitteln ifst, besonders Fleisch und Fisch.
11. ἡ τοῖς φίλοις. S. Einleitung S. 12.
17. ἐν τίνι πράξει. Nähere Bestimmung des Gebietes, auf dem sich das εὖ und κακῶς ποιεῖν bewährt.

ΠΟΛΙΤΕΙΑΣ α'. 29

βλάπτειν;' 'ἐν τῷ προσπολεμεῖν καὶ ἐν τῷ ξυμμαχεῖν, ἔμοιγε δοκεῖ.' 'εἶεν· μὴ κάμνουσί γε μήν, ὦ φίλε Πολέμαρχε, ἰατρὸς ἄχρηστος.' 'ἀληθῆ.' 'καὶ μὴ πλέουσι δὴ κυβερνήτης.' 'ναί.' 'ἆρα καὶ τοῖς μὴ πολεμοῦσιν ὁ δίκαιος ἄχρηστος;' 'οὐ πάνυ 5 μοι δοκεῖ τοῦτο.' 'χρήσιμον ἄρα καὶ ἐν εἰρήνῃ δικαιοσύνη;' 'χρήσιμον.' 'καὶ γὰρ γεωργία· ἢ οὔ;' 'ναί.' 'πρός γε καρποῦ 333 κτῆσιν.' 'ναί.' 'καὶ μὴν καὶ σκυτοτομική;' 'ναί.' 'πρός γε ὑποδημάτων ἄν, οἶμαι, φαίης κτῆσιν.' 'πάνυ γε.' 'τί δὲ δή; τὴν δικαιοσύνην πρὸς τίνος χρείαν ἐν εἰρήνῃ φαίης ἂν χρήσιμον 10 εἶναι;' 'πρὸς τὰ ξυμβόλαια, ὦ Σώκρατες.' 'ξυμβόλαια δὲ λέγεις κοινωνήματα, ἤ τι ἄλλο;' 'κοινωνήματα δῆτα.' 'ἆρ' οὖν ὁ δίκαιος ἀγαθὸς καὶ χρήσιμος κοινωνὸς εἰς πεττῶν θέσιν, ἢ ὁ πεττευ- B τικός;' 'ὁ πεττευτικός.' 'ἀλλ' εἰς πλίνθων καὶ λίθων θέσιν ὁ δίκαιος χρησιμώτερός τε καὶ ἀμείνων κοινωνὸς τοῦ οἰκοδομι-15 κοῦ;' 'οὐδαμῶς.' 'ἀλλ' εἰς τίνα δὴ κοινωνίαν ὁ δίκαιος ἀμείνων κοινωνὸς τοῦ κιθαριστικοῦ, ὥσπερ ὁ κιθαριστικὸς τοῦ δικαίου εἰς κρουμάτων;' 'εἰς ἀργυρίου, ἔμοιγε δοκεῖ.' 'πλήν γ' ἴσως, ὦ Πολέμαρχε, πρὸς τὸ χρῆσθαι ἀργυρίῳ, ὅταν δέῃ ἀργυρίου κοινῇ πρίασθαι ἢ ἀποδόσθαι ἵππον· τότε δέ, ὡς C 20 ἐγὼ οἶμαι, ὁ ἱππικός· ἢ γάρ;' 'φαίνεται.' 'καὶ μὴν ὅταν γε πλοῖον, ὁ ναυπηγὸς ἢ ὁ κυβερνήτης.' 'ἔοικεν.' 'ὅταν οὖν τί δέῃ ἀργυρίῳ ἢ χρυσίῳ κοινῇ χρῆσθαι, ὁ δίκαιος χρησιμώτερος τῶν ἄλλων;' 'ὅταν παρακαταθέσθαι καὶ σῶν εἶναι, ὦ Σώκρατες.' 'οὐκοῦν λέγεις, ὅταν μηδὲν δέῃ αὐτῷ χρῆσθαι ἀλλὰ κεῖ-25 σθαι;' 'πάνυ γε.' 'ὅταν ἄρα ἄχρηστον ᾖ ἀργύριον, τότε χρήσιμος ἐπ' αὐτῷ ἡ δικαιοσύνη;' 'κινδυνεύει.' 'καὶ ὅταν δὴ δρέ- D πανον δέῃ φυλάττειν, ἡ δικαιοσύνη χρήσιμος καὶ κοινῇ καὶ

1. προσπολεμεῖν dem ἐχθροὺς βλάπτειν, ξυμμαχεῖν dem φίλους ὠφελεῖν entsprechend.
2. γὲ μὴν einen Gegensatz bezeichnend.
10. ξυμβόλαια, Geschäftsverkehr jeder Art. Bei demselben hebt Sokrates das Moment hervor, daſs es sich um ein Unternehmen von zweien oder mehreren (κοινώνημα) handelt, um ein Unternehmen, bei dem man einen Teilnehmer (κοινωνός) hat, das man mit einem andern (κοινῇ) ins Werk setzt.
12. πεττός, der Stein im Brett-

spiel (πεττευτική). Man spielte mit diesen Steinen auf einem mit Feldern bezeichneten Brette.
17. εἰς ἀργυρίου, nämlich κοινωνίαν, für die Teilnahme in Geldsachen.
20. φαίνεται, es ist klar.
21. ὅταν οὖν τί. S. zu 332 C.
24. κεῖσθαι, in Verwahrung sein. Zu 345 A.
27. καὶ κοινῇ καὶ ἰδίᾳ erweitert in launiger Weise das bisher Gesagte. Bisher war nur von Handlungen die Rede, zu denen zwei gehörten (κοινωνήματα). Beim Auf-

ἰδίᾳ· ὅταν δὲ χρῆσθαι, ἡ ἀμπελουργική;' 'φαίνεται.' 'φήσεις δὲ καὶ ἀσπίδα καὶ λύραν ὅταν δέῃ φυλάττειν καὶ μηδὲν χρῆσθαι, χρήσιμον εἶναι τὴν δικαιοσύνην, ὅταν δὲ χρῆσθαι, τὴν ὁπλιτικὴν καὶ τὴν μουσικήν;' 'ἀνάγκη.' 'καὶ περὶ τἆλλα δὴ πάντα ἡ δικαιοσύνη ἑκάστου ἐν μὲν χρήσει ἄχρηστος, ἐν δὲ 5 ἀχρηστίᾳ χρήσιμος;' 'κινδυνεύει.'

E VIII. 'Οὐκ ἂν οὖν, ὦ φίλε, πάνυ γέ τι σπουδαῖον εἴη ἡ δικαιοσύνη, εἰ πρὸς τὰ ἄχρηστα χρήσιμον ὂν τυγχάνει. τόδε δὲ σκεψώμεθα. ἆρ' οὐχ ὁ πατάξαι δεινότατος ἐν μάχῃ εἴτε πυκτικῇ εἴτε τινὶ καὶ ἄλλῃ, οὗτος καὶ φυλάξασθαι;' 'πάνυ γε.' 10 'ἆρ' οὖν καὶ νόσον ὅστις δεινὸς φυλάξασθαι καὶ λαθεῖν, οὗτος δεινότατος καὶ ἐμποιῆσαι;' 'ἔμοιγε δοκεῖ.' 'ἀλλὰ μὴν στρατοπέδου 334 γε ὁ αὐτὸς φύλαξ ἀγαθός, ὅσπερ καὶ τὰ τῶν πολεμίων κλέψαι καὶ βουλεύματα καὶ τὰς ἄλλας πράξεις.' 'πάνυ γε.' 'ὅτου τις ἄρα δεινὸς φύλαξ, τούτου καὶ φὼρ δεινός.' 'ἔοικεν.' 'εἰ ἄρα 15 ὁ δίκαιος ἀργύριον δεινὸς φυλάττειν, καὶ κλέπτειν δεινός.' 'ὡς γοῦν ὁ λόγος', ἔφη, 'σημαίνει.' 'κλέπτης ἄρα τις ὁ δίκαιος, ὡς ἔοικεν, ἀναπέφανται· καὶ κινδυνεύεις παρ' Ὁμήρου μεμαθηκέναι αὐτό. καὶ γὰρ ἐκεῖνος τὸν τοῦ Ὀδυσσέως πρὸς μητρὸς

bewahren der Hippe ist es am Ende gleichgiltig, ob das der Besitzer oder ein anderer thut. Überhaupt ergiebt sich aus der Wahl der Beispiele wie aus dem Schlufsresultate, dafs in dieser ganzen Stelle Humor waltet.
8. ἡ δικαιοσύνη — χρήσιμον ὂν τυγχάνει. Vgl. 336 A οὐδὲ τοῦτο ἐφάνη ἡ δικαιοσύνη ὂν οὐδὲ τὸ δίκαιον. 354 C ὁπότε γὰρ τὸ δίκαιον μὴ οἶδα ὅ ἐστι, σχολῇ εἴσομαι εἴτε ἀρετή τις οὖσα τυγχάνει εἴτε καὶ οὔ, καὶ πότερον ὁ ἔχων αὐτὸ οὐκ εὐδαίμων ἐστὶν ἢ εὐδαίμων. Vgl. 345 A.
11. νόσον φυλάξασθαι καὶ λαθεῖν, sich vor einer Krankheit hüten und ihr verborgen bleiben, entschlüpfen, entwischen. Nur diese Fassung entspricht dem folgenden ὅσπερ — κλέψαι. Der Begriff λαθεῖν leitet offenbar auf das folgende κλέψαι über. Die Wendung νόσον λαθεῖν ist freilich von Platon nur für diese Stelle gebildet; sonst ist sie nicht nachweisbar.
ὅστις — οὗτος. Gleich darauf ὅτου — τούτου. Ebenso entspricht manchmal τίς dem ὅς. Gorg. 486 D. Theait. 209 A.
13. κλέψαι, sich heimlich, listig aneignen. Xen. mem. IV, 2, 15 ἐάν δὲ κλέπτῃ τε καὶ ἁρπάζῃ τὰ τούτων (d. i. τῶν πολεμίων), οὐ δίκαια ποιήσει;
16. φυλάττειν, nämlich dem Freunde. Daher Rückkehr zum Aktiv.
17. κλέπτης τις, gewissermafsen ein Dieb, nicht im eigentlichen Sinne ein Dieb, da er das Stehlen nicht um seiner selbst willen treibt.
18. ἀναπέφανται bezeichnet das Resultat der Deduktion, wie 350 C. παρ' Ὁμήρου Od. τ, 395 ὃς ἀνθρώπους ἑκάστῳ κλεπτοσύνῃ θ' ὅρκῳ τε. θεὸς δέ οἱ αὐτὸς ἔδωκεν Ἑρμείας. Bemerkenswerte Polemik gegen Homer, der auf die Moral

πάππον Αὐτόλυκον ἀγαπᾷ τε καί φησιν αὐτὸν πάντας ἀνθρώ-B
πους κεκάσθαι κλεπτοσύνῃ θ' ὅρκῳ τε. ἔοικεν οὖν ἡ δικαιοσύνη καὶ κατὰ σὲ καὶ καθ' Ὅμηρον καὶ κατὰ Σιμωνίδην κλεπτική τις εἶναι, ἐπ' ὠφελίᾳ μέντοι τῶν φίλων καὶ ἐπὶ βλάβῃ τῶν ἐχθρῶν. οὐχ οὕτως ἔλεγες·' 'οὐ μὰ τὸν Δί'', ἔφη, 'ἀλλ' οὐκέτι οἶδα ἔγωγε ὅ τι ἔλεγον· τοῦτο μέντοι ἔμοιγε δοκεῖ ἔτι, ὠφελεῖν μὲν τοὺς φίλους ἡ δικαιοσύνη, βλάπτειν δὲ τοὺς ἐχθρούς.' 'φίλους δὲ λέγεις εἶναι πότερον τοὺς δοκοῦντας C ἑκάστῳ χρηστοὺς εἶναι, ἢ τοὺς ὄντας, κἂν μὴ δοκῶσι, καὶ ἐχθροὺς ὡσαύτως;' 'εἰκὸς μέν', ἔφη, 'οὓς ἄν τις ἡγῆται χρηστούς, φιλεῖν, οὓς δ' ἂν πονηρούς, μισεῖν.' 'ἆρ' οὖν οὐχ ἁμαρτάνουσιν οἱ ἄνθρωποι περὶ τοῦτο, ὥστε δοκεῖν αὐτοῖς πολλοὺς μὲν χρηστοὺς εἶναι μὴ ὄντας, πολλοὺς δὲ τοὐναντίον;' 'ἁμαρτάνουσιν.' 'τούτοις ἄρα οἱ μὲν ἀγαθοὶ ἐχθροί, οἱ δὲ κακοὶ φίλοι;' 'πάνυ γε.' 'ἀλλ' ὅμως δίκαιον τότε τούτοις τοὺς μὲν πονηροὺς ὠφελεῖν, τοὺς δὲ ἀγαθοὺς βλάπτειν.' 'φαίνεται.' 'ἀλλὰ μὴν οἵ D γε ἀγαθοὶ δίκαιοί τε καὶ οἷοι μὴ ἀδικεῖν.' 'ἀληθῆ.' 'κατὰ δὴ τὸν σὸν λόγον τοὺς μηδὲν ἀδικοῦντας δίκαιον κακῶς ποιεῖν.' 'μηδαμῶς', ἔφη, 'ὦ Σώκρατες· πονηρὸς γὰρ ἔοικεν εἶναι ὁ λόγος.' 'τοὺς ἀδίκους ἄρα', ἦν δ' ἐγώ, 'δίκαιον βλάπτειν, τοὺς δὲ δικαίους ὠφελεῖν.' 'οὗτος ἐκείνου καλλίων φαίνεται.' 'πολ-

---

des griechischen Volkes den größten Einfluß hatte.
1. Αὐτόλυκος, der Sohn des diebischen Hermes, bestahl die Herden des Eurytos und des Sisyphos.
4. ἐπ' ὠφελίᾳ μέντοι bringt die Einschränkung. Die Geschicklichkeit und List des Diebes wendet er natürlich nur an, um das ihm vom Freunde anvertraute Gut zu schützen.
6. οὐκέτι οἶδα ἔγωγε ὅ τι ἔλεγον, woran ich bin, Ausdruck der größten Verlegenheit. Polemarchos hat sich offenbar verirrt, aber er weiß nicht, wo er einen Fehler gemacht hat. In seiner Verlegenheit kehrt er zum Ausgangspunkt zurück und hält ihn fest. H.
7. ὠφελεῖν, nämlich δοκεῖ.
8. φίλους. Sokrates unterscheidet also zwischen Freunden im objektiven und im subjektiven Sinne. H.

10. μέν, doch. Polemarchos macht den Versuch Freund im subjektiven Sinne zu nehmen. H.
15. τότε, in diesem Falle. Vgl. 339 E.
17. οἷοι, sie sind der Art, daſs sie. Ebenso 339 C. Manchmal geht τοιόσδε oder τοιοῦτος diesem οἷος voraus, wie 351 E οὐκοῦν τοιάνδε τινὰ φαίνεται ἔχουσα τὴν δύναμιν, οἵαν — ποιεῖν.
ἀδικεῖν statt βλάπτειν und κακῶς ποιεῖν, um den Gegensatz zu δίκαιοι mehr hervorzuheben. Die Handlungen, die durch diese Verba ausgedrückt werden, sind an sich dieselben, aber ἀδικεῖν hebt die ethische Seite derselben hervor, enthält ein sittliches Urteil.
19. μηδαμῶς, nämlich τοῦτο εἴπῃς: ja nicht, beileibe nicht! Vgl. 350 E.

λοῖς ἄρα, ὦ Πολέμαρχε, ξυμβήσεται, ὅσοι διημαρτήκασιν τῶν
ἀνθρώπων, δίκαιον εἶναι τοὺς μὲν φίλους βλάπτειν· πονηροὶ
γὰρ αὐτοῖς εἰσιν· τοὺς δ' ἐχθροὺς ὠφελεῖν· ἀγαθοὶ γάρ· καὶ
οὕτως ἐροῦμεν αὐτὸ τοὐναντίον ἢ τὸν Σιμωνίδην ἔφαμεν λέ-
γειν.' 'καὶ μάλα', ἔφη, 'οὕτω ξυμβαίνει. ἀλλὰ μεταθώμεθα·
κινδυνεύομεν γὰρ οὐκ ὀρθῶς τὸν φίλον καὶ ἐχθρὸν θέσθαι.'
'πῶς θέμενοι, ὦ Πολέμαρχε;' 'τὸν δοκοῦντα χρηστόν, τοῦτον
φίλον εἶναι.' 'νῦν δὲ πῶς', ἦν δ' ἐγώ, 'μεταθώμεθα;' 'τὸν
δοκοῦντά τε', ἢ δ' ὅς, 'καὶ τὸν ὄντα χρηστὸν φίλον· τὸν δὲ
δοκοῦντα μέν, ὄντα δὲ μή, δοκεῖν ἀλλὰ μὴ εἶναι φίλον· καὶ
περὶ τοῦ ἐχθροῦ δὲ ἡ αὐτὴ θέσις.' 'φίλος μὲν δή, ὡς ἔοικε,
τούτῳ τῷ λόγῳ ὁ ἀγαθὸς ἔσται, ἐχθρὸς δὲ ὁ πονηρός.' 'ναί.'
'κελεύεις δὴ ἡμᾶς προσθεῖναι τῷ δικαίῳ ἢ ὡς τὸ πρῶτον ἐλέ-
γομεν, λέγοντες δίκαιον εἶναι τὸν μὲν φίλον εὖ ποιεῖν, τὸν
δ' ἐχθρὸν κακῶς, νῦν πρὸς τούτῳ ὧδε λέγειν, ὅτι ἔστιν δί-
καιον τὸν μὲν φίλον ἀγαθὸν ὄντα εὖ ποιεῖν, τὸν δ' ἐχθρὸν
κακὸν ὄντα βλάπτειν;' 'πάνυ μὲν οὖν', ἔφη, 'οὕτως ἄν μοι
δοκεῖ καλῶς λέγεσθαι.'

IX. 'Ἔστιν ἄρα', ἦν δ' ἐγώ, 'δικαίου ἀνδρὸς βλάπτειν
καὶ ὁντινοῦν ἀνθρώπων;' 'καὶ πάνυ γε', ἔφη, 'τούς γε πο-
νηρούς τε καὶ ἐχθροὺς δεῖ βλάπτειν.' 'βλαπτόμενοι δ' ἵπποι

---

1. διαμαρτάνειν τινός, sich täuschen über. Phaidr. 257 D τοῦ ἑταίρου συχνὸν διαμαρτάνεις.
3. αὑτοῖς, nach ihrem Urteil, in ihren Augen. Ebenso ἡμῖν 360 B.
6. τὸν φίλον καὶ ἐχθρόν. Selten fehlt der Artikel bei Gegensätzen. Vgl. 332 E.
8. μετατίθεσθαι heißt nicht nur dictum retractare, sondern auch mutata sententia statuere.
τὸν δοκοῦντά τε καὶ τὸν ὄντα. Der Artikel wiederholt, wie 341 B τὸν ἄρχοντά τε καὶ τὸν κρείττονα. Dagegen 342 D τοῦ ἥττονός τε καὶ ἀρχομένου.
13. προσθεῖναι τῷ δικαίῳ ἢ ὡς τὸ πρῶτον ἐλέγ. Sollen wir also das Gerechte noch durch einen weiteren Zusatz bestimmen, als wir am Anfange erklärten, wo wir sagten — dem jetzt noch hinzufügen usw. Mit der Vergleichungspartikel ἢ kann der Satz ὡς τὸ πρῶτον ἐλέγομεν an προσθεῖναι deshalb angeschlossen werden, weil darin die Komparativbedeutung des Vergrößerns, Erweiterns liegt. Phaidr. 231 B καὶ ὃν εἶχον προστιθέντες ἡγοῦνται πάλαι τὴν ἀξίαν ἀποδεδωκέναι χάριν. προσθεῖναι absolut wie 339 B.
15. νῦν πρὸς τούτῳ ὧδε λέγειν nimmt προσθεῖναι — ἐλέγομεν wieder auf.
16. 17. ὄντα, weil, nicht wenn.
20. καὶ ὁντινοῦν, auch nur irgendeinen.
καὶ πάνυ γε — τούς γε. Das doppelt gesetzte γὲ zeigt, wie sehr Polemarchos an seiner schon 332 B mit demselben Nachdruck ausgesprochenen Behauptung festhält: παντάπασι μὲν οὖν — ὅ γε ὀφείλεται αὐτοῖς· ὀφείλεται δέ γε, οἶμαι, παρά γε τοῦ ἐχθροῦ τῷ ἐχθρῷ, ὅπερ καὶ προσήκει, κακόν τι.

ΠΟΛΙΤΕΙΑΣ α'.

βελτίους ἢ χείρους γίγνονται;' 'χείρους.' 'ἆρα εἰς τὴν τῶν κυνῶν ἀρετήν, ἢ εἰς τὴν τῶν ἵππων;' 'εἰς τὴν τῶν ἵππων.' 'ἆρ' οὖν καὶ κύνες βλαπτόμενοι χείρους γίγνονται εἰς τὴν τῶν κυνῶν, ἀλλ' οὐκ εἰς τὴν τῶν ἵππων ἀρετήν;' 'ἀνάγκη.' 'ἀνθρώπους δέ, ὦ ἑταῖρε, μὴ οὕτω φῶμεν, βλαπτομένους εἰς C τὴν ἀνθρωπείαν ἀρετὴν χείρους γίγνεσθαι;' 'πάνυ μὲν οὖν.' 'ἀλλ' ἡ δικαιοσύνη οὐκ ἀνθρωπεία ἀρετή;' 'καὶ τοῦτ' ἀνάγκη.' 'καὶ τοὺς βλαπτομένους ἄρα, ὦ φίλε, τῶν ἀνθρώπων ἀνάγκη ἀδικωτέρους γίγνεσθαι.' 'ἔοικεν.' 'ἆρ' οὖν τῇ μουσικῇ οἱ μουσικοὶ ἀμούσους δύνανται ποιεῖν;' 'ἀδύνατον.' 'ἀλλὰ τῇ ἱππικῇ οἱ ἱππικοὶ ἀφίππους;' 'οὐκ ἔστιν.' 'ἀλλὰ τῇ δικαιοσύνῃ δὴ οἱ δίκαιοι ἀδίκους; ἢ καὶ ξυλλήβδην ἀρετῇ οἱ ἀγαθοὶ κα- D κούς;' 'ἀλλὰ ἀδύνατον'. 'οὐ γὰρ θερμότητος, οἶμαι, ἔργον ψύχειν, ἀλλὰ τοῦ ἐναντίου.' 'ναί.' 'οὐδὲ ξηρότητος ὑγραίνειν, ἀλλὰ τοῦ ἐναντίου.' 'πάνυ γε.' 'οὐδὲ δὴ τοῦ ἀγαθοῦ βλάπτειν, ἀλλὰ τοῦ ἐναντίου.' 'φαίνεται.' 'ὁ δέ γε δίκαιος ἀγαθός;' 'πάνυ γε.' 'οὐκ ἄρα τοῦ δικαίου βλάπτειν ἔργον, ὦ Πολέμαρχε, οὔτε φίλον οὔτ' ἄλλον οὐδένα, ἀλλὰ τοῦ ἐναντίου, τοῦ ἀδίκου.' 'παντάπασί μοι δοκεῖς ἀληθῆ λέγειν', ἔφη, 'ὦ Σώκρατες.' 'εἰ ἄρα τὰ ὀφειλόμενα ἑκάστῳ ἀποδιδόναι φησίν τις δίκαιον εἶναι, τοῦτο δὲ δὴ νοεῖ αὐτῷ, τοῖς μὲν ἐχθροῖς βλάβην ὀφείλεσθαι παρὰ τοῦ δικαίου ἀνδρός, τοῖς δὲ φίλοις ὠφελίαν, οὐκ ἦν σοφὸς ὁ ταῦτα εἰπών· οὐ γὰρ ἀληθῆ ἔλεγεν· οὐδαμοῦ γὰρ δίκαιον οὐδένα ἡμῖν ἐφάνη ὃν βλάπτειν.' 'συγχωρῶ', ἦ δ' ὅς. 'μαχούμεθα ἄρα', ἦν δ' ἐγώ, 'κοινῇ ἐγώ τε καὶ σύ, ἐάν τις αὐτὸ φῇ ἢ Σιμωνίδην ἢ Βίαντα ἢ Πιττακὸν

---

1. ἄρα — ἦ keine disjunktive Frage. ἦ, oder vielmehr, dient dazu die vorhergehende Frage zu berichtigen.
2. ἀρετήν. S. zu 353 B.
5. μὴ beim deliberativen Konjunktiv: von Menschen aber sollen wir nicht sagen, dafs sie usw.? Ebenso 387 B.
11. ἀφίππους· ἀπείρως ἔχοντας ἱππικῆς. Schol.
13. ἔργον, die Sache, die Bestimmung. Vgl. 352 E.
21. τοῦτο ist Nominativ, αὐτῷ bezieht sich auf τίς.

23. ἦν. Das Imperfektum deutet an, dafs man das früher nicht erkannt habe, jetzt aber einsehe. Phaid. 68 B.
ταῦτα auf einen Gedanken bezogen. Dasselbe bezeichnet αὐτὸ in dem folgenden Satze ἐάν τις αὐτὸ φῇ.
26. Βίαντα ἢ Πιττακόν. Hipp. mai. 281 C οἱ παλαιοὶ ἐκεῖνοι, ὧν ὀνόματα μεγάλα λέγεται ἐπὶ σοφίᾳ, Πιττακοῦ τε καὶ Βίαντος κτλ. Bias aus Priene und Pittakos aus Mytilene werden bekanntlich zu den sieben Weisen gezählt.

Platons ausgew. Dialoge. VII. 3

εἰρηκέναι ἤ τιν' ἄλλον τῶν σοφῶν τε καὶ μακαρίων ἀνδρῶν.' 'ἔγωγ' οὖν', ἔφη, 'ἕτοιμός εἰμι κοινωνεῖν τῆς μάχης.' 'ἀλλ' οἶσθα', ἦν δ' ἐγώ, 'οὗ μοι δοκεῖ εἶναι τὸ ῥῆμα τὸ φάναι δίκαιον εἶναι τοὺς μὲν φίλους ὠφελεῖν, τοὺς δ' ἐχθροὺς βλάπτειν;' 'τίνος;' ἔφη. 'οἶμαι αὐτὸ Περιάνδρου εἶναι ἢ Περδίκκου ἢ Ξέρξου ἢ Ἰσμηνίου τοῦ Θηβαίου ἤ τινος ἄλλου μέγα οἰομένου δύνασθαι πλουσίου ἀνδρός.' 'ἀληθέστατα', ἔφη, 'λέγεις.' 'εἶεν', ἦν δ' ἐγώ· 'ἐπειδὴ δὲ οὐδὲ τοῦτο ἐφάνη ἡ δικαιοσύνη ὂν οὐδὲ τὸ δίκαιον, τί ἂν ἄλλο τις αὐτὸ φαίη εἶναι;'

X. Καὶ ὁ Θρασύμαχος πολλάκις μὲν καὶ διαλεγομένων ἡμῶν μεταξὺ ὥρμα ἀντιλαμβάνεσθαι τοῦ λόγου, ἔπειτα ὑπὸ τῶν παρακαθημένων διεκωλύετο βουλομένων διακοῦσαι τὸν λόγον· ὡς δὲ διεπαυσάμεθα καὶ ἐγὼ ταῦτ' εἶπον, οὐκέτι ἡσυχίαν ἦγεν, ἀλλὰ συστρέψας ἑαυτὸν ὥσπερ θηρίον ἧκεν ἐφ' ἡμᾶς ὡς διαρπασόμενος. καὶ ἐγώ τε καὶ ὁ Πολέμαρχος δείσαντες διεπτοήθημεν· ὁ δ' εἰς τὸ μέσον φθεγξάμενος· 'τίς', ἔφη, 'ὑμᾶς πάλαι φλυαρία ἔχει, ὦ Σώκρατες; καὶ τί εὐηθίζεσθε πρὸς ἀλλήλους ὑποκατακλινόμενοι ὑμῖν αὐτοῖς; ἀλλ' εἴπερ ὡς ἀληθῶς βούλει εἰδέναι τὸ δίκαιον ὅ τί ἐστι, μὴ μόνον ἐρώτα μηδὲ φιλοτιμοῦ ἐλέγχων, ἐπειδάν τίς τι ἀποκρίνηται, ἐγνωκὼς τοῦτο, ὅτι ῥᾷον ἐρωτᾶν ἢ ἀποκρίνεσθαι, ἀλλὰ καὶ αὐτὸς ἀπόκριναι καὶ εἰπέ, τί φῂς εἶναι τὸ δίκαιον· καὶ ὅπως μοι μὴ

---

1. μακαρίων. S. zu 331 A.
3. τὸ φάναι. S. zu 329 B.
5. Περίανδρος, Tyrann von Korinth, soll anfangs ein milder Herrscher gewesen, später aber in maßlose Grausamkeit und Roheit verfallen sein. Wegen seiner staatsmännischen Einsicht wurde er vielfach unter die sieben Weisen gerechnet. Platon aber stellt ihn nicht nur hier den Weisen gegenüber, sondern nennt auch im Prot. 343 B an seiner Stelle den Myson. Περδίκκας II., König von Makedonien, ein schlauer und gewissenloser Mann, dem zur Erreichung seiner Zwecke jedes Mittel recht war.
6. Ἰσμηνίας ὁ Θηβαῖος galt für einen ränkevollen und gefährlichen Politiker.

μέγα οἰομένου. Gemeinsam ist diesen Männern, daß sie ihre Macht und ihren Reichtum zum Verderben anderer anwenden.
11. μεταξύ. S. zu 328 C.
ἀντιλαμβάνεσθαι, an sich reißen. H.
ἔπειτα, atque tum, wie Apol. 23 C.
14. συστρέφειν ἑαυτόν, sich zusammenziehen wie die Katzen, die sich zum Sprunge bereit machen.
18 ὑποκατακλίνεσθαι, wofür 336 E ὑπείκειν steht, sich gegenseitig Konzessionen machen, also nicht rücksichtslos sagen, was man eigentlich denkt, wie das im vollsten Maße Thrasymachos thut.
22. ὅπως μοι μὴ ἐρεῖς, eine energische Warnung ausdrückend, wie 337 B.

ΠΟΛΙΤΕΙΑΣ α'.

ἐρεῖς, ὅτι τὸ δέον ἐστὶν μηδ' ὅτι τὸ ὠφέλιμον μηδ' ὅτι τὸ λυσιτελοῦν μηδ' ὅτι τὸ κερδαλέον μηδ' ὅτι τὸ ξυμφέρον, ἀλλὰ σαφῶς μοι καὶ ἀκριβῶς λέγε ὅ τι ἂν λέγῃς· ὡς ἐγὼ οὐκ ἀποδέξομαι, ἐὰν ὕθλους τοιούτους λέγῃς.' καὶ ἐγὼ ἀκού-
5 σας ἐξεπλάγην καὶ προσβλέπων αὐτὸν ἐφοβούμην, καί μοι δοκῶ, εἰ μὴ πρότερος ἑωράκη αὐτὸν ἢ ἐκεῖνος ἐμέ, ἄφωνος ἂν γενέσθαι. νῦν δὲ ἡνίκα ὑπὸ τοῦ λόγου ἤρχετο ἐξαγριαίνεσθαι, προσέβλεψα αὐτὸν πρότερος, ὥστε αὐτῷ οἷός τ' Ε ἐγενόμην ἀποκρίνασθαι, καὶ εἶπον ὑποτρέμων· 'ὦ Θρασύμαχε,
10 μὴ χαλεπὸς ἡμῖν ἴσθι· εἰ γὰρ ἐξαμαρτάνομεν ἐν τῇ τῶν λόγων σκέψει ἐγώ τε καὶ ὅδε, εὖ ἴσθι ὅτι ἄκοντες ἁμαρτάνομεν. μὴ γὰρ δὴ οἴου, εἰ μὲν χρυσίον ἐζητοῦμεν, οὐκ ἄν ποτε ἡμᾶς ἑκόντας εἶναι ὑποκατακλίνεσθαι ἀλλήλοις ἐν τῇ ζητήσει καὶ διαφθείρειν τὴν εὕρεσιν αὐτοῦ, δικαιοσύνην δὲ ζητοῦντας,
15 πρᾶγμα πολλῶν χρυσίων τιμιώτερον, ἔπειθ' οὕτως ἀνοήτως ὑπείκειν ἀλλήλοις καὶ οὐ σπουδάζειν ὅ τι μάλιστα φανῆναι αὐτό. οἴου γε σύ, ὦ φίλε· ἀλλ', οἶμαι, οὐ δυνάμεθα· ἐλεεῖσθαι οὖν ἡμᾶς πολὺ μᾶλλον εἰκός ἐστίν που ὑπὸ ὑμῶν τῶν 337 δεινῶν ἢ χαλεπαίνεσθαι.'
20 XI. Καὶ ὃς ἀκούσας ἀνεκάγχασέ τε μάλα σαρδάνιον καὶ εἶπεν· 'ὦ Ἡράκλεις', ἔφη, 'αὕτη 'κείνη ἡ εἰωθυῖα εἰρωνεία Σωκράτους, καὶ ταῦτ' ἐγὼ ᾔδη τε καὶ τούτοις προὔλεγον, ὅτι σὺ ἀποκρίνασθαι μὲν οὐκ ἐθελήσοις, εἰρωνεύσοιο δὲ καὶ πάντα μᾶλλον ποιήσοις ἢ ἀποκρινοῖο, εἴ τίς τί σε ἐρωτᾷ.'

---

1. ὅτι τὸ δέον ἐστίν. Eine ganze Menge von möglichen Antworten wird also im voraus abgeschnitten. Thrasymachos hat dabei wohl schon seine eigene im Sinne.
4. ὕθλους. Theait. 176 B γραῶν ὕθλος.
6. ἄφωνος. Plin. hist. nat. VIII, 34 Sed in Italia quoque creditur luporum visus esse noxius vocemque homini, quem priores contemplentur, adimere ad praesens.
12. εἰ μὲν — δικαιοσύνην δέ. Parataxe. Man kann den ersten Teil mit während übersetzen. H.
17. αὐτὸ auf das Wort, nicht auf den Begriff δικαιοσύνη bezogen.
οἴου γε σύ, nämlich ὅτι μάλιστα σπουδάζειν ἡμᾶς περὶ τὴν εὕρεσιν, glaube es nur, dafs es uns ernst ist.
18. ἐστὶν pflegt bei Platon nach εἰκός zu fehlen.
19. δεινός, ein Prädikat, das oft den Sophisten beigelegt wird.
20. σαρδάνιον. Offenbar Ausdruck grimmigen Hohnes.
21. εἶπεν — ἔφη. S. zu 329 B.
22. τούτοις, dem Charmantides und Kleitophon. 328 B.
23. ἀποκρίνασθαι οὐκ ἐθελήσοις. Theait. 150 C sagt Sokrates von sich ἄγονός εἰμι σοφίας, καὶ ὅπερ ἤδη πολλοί μοι ὠνείδισαν, ὡς τοὺς μὲν ἄλλους ἐρωτῶ, αὐτὸς δὲ οὐδὲν ἀποκρίνομαι περὶ οὐδενὸς διὰ τὸ μηδὲν ἔχειν σοφόν, ἀληθὲς ὀνειδίζουσιν.

'σοφὸς γὰρ εἶ', ἦν δ' ἐγώ, 'ὦ Θρασύμαχε· εὖ οὖν ᾔδησθα ὅτι, εἴ τινα ἔροιο ὁπόσα ἐστὶν τὰ δώδεκα, καὶ ἐρόμενος προείποις αὐτῷ· ὅπως μοι, ὦ ἄνθρωπε, μὴ ἐρεῖς, ὅτι ἔστιν τὰ δώδεκα δὶς ἓξ μηδ' ὅτι τρὶς τέτταρα μηδ' ὅτι ἑξάκις δύο μηδ' ὅτι τετράκις τρία· ὡς οὐκ ἀποδέξομαί σου, ἐὰν τοιαῦτα 5 φλυαρῇς· δῆλον, οἶμαι, σοὶ ἦν ὅτι οὐδεὶς ἀποκρινοῖτο τῷ οὕτως πυνθανομένῳ. ἀλλ' εἴ σοι εἶπεν· ὦ Θρασύμαχε, πῶς λέγεις; μὴ ἀποκρίνωμαι ὧν προεῖπες μηδέν; πότερον, ὦ θαυμάσιε, μηδ' εἰ τούτων τι τυγχάνει ὄν, ἀλλ' ἕτερον εἴπω τι τοῦ ἀληθοῦς; ἢ πῶς λέγεις; τί ἂν αὐτῷ εἶπες πρὸς ταῦτα;' 10 'εἶεν', ἔφη· 'ὡς δὴ ὅμοιον τοῦτο ἐκείνῳ.' 'οὐδέν γε κωλύει', ἦν δ' ἐγώ· 'εἰ δ' οὖν καὶ μὴ ἔστιν ὅμοιον, φαίνεται δὲ τῷ ἐρωτηθέντι τοιοῦτον, ἧττόν τι αὐτὸν οἴει ἀποκρίνεσθαι τὸ φαινόμενον ἑαυτῷ, ἐάν τε ἡμεῖς ἀπαγορεύωμεν ἐάν τε μή'; 'ἄλλο τι οὖν', ἔφη, 'καὶ σὺ οὕτω ποιήσεις; ὧν ἐγὼ ἀπεῖπον, 15 τούτων τι ἀποκρινεῖ;' 'οὐκ ἂν θαυμάσαιμι', ἦν δ' ἐγώ, 'εἴ μοι σκεψαμένῳ οὕτω δόξειεν.' 'τί οὖν', ἔφη, 'ἂν ἐγὼ δείξω ἑτέραν ἀπόκρισιν παρὰ πάσας ταύτας περὶ δικαιοσύνης βελτίω τούτων; τί ἀξιοῖς παθεῖν;' 'τί ἄλλο', ἦν δ' ἐγώ, 'ἢ ὅπερ προσήκει

---

1. ᾔδησθα nicht ohne Ironie mit Rücksicht auf das ἤδη des Thrasymachos angewendet, um dessentwillen ihn Sokrates σοφός nennt.
6. δῆλον, οἶμαι, σοὶ ἦν nimmt εὖ ᾔδησθα wieder auf.
τῷ οὕτως πυνθανομένῳ, also dem, der sich alles, was man möglicherweise antworten könnte, verbittet, wie der, welcher gefragt hatte, was zwölf ist.
9. τυγχάνει ὄν, wenn es zufällig das Richtige ist. εἶναι heifst hier wirklich, wahr sein.
ἕτερον wird in diesem Sinne 338 D mit παρά und dem Accusativ konstruiert.
11. ὡς δή ironisch: wie ähnlich doch dieses jenem ist! d. h. es ist ihm gar nicht ähnlich.
ἐκείνῳ geht auf das Verbot des Thrasymachos 336 D ὅπως μοι μὴ ἐρεῖς.
12. εἰ δ' οὖν. Der Antwortende kann doch nichts thun, als seine subjektive Überzeugung aussprechen, mag sie das Richtige treffen oder nicht.
15. ἄλλο τι, vollständiger ἄλλο τι (γίγνεται) ἤ, ist zur blofsen Fragepartikel geworden im Sinne von nonne. Vgl. 342 D.
18. παρὰ πάσας ταύτας, die er selbst 336 D aufgezählt hatte.
19. τί ἀξιοῖς παθεῖν; welche Strafe beantragst du? Die vollständige Formel, die im folgenden auch berücksichtigt wird (ἀλλὰ πρὸς τῷ μαθεῖν καὶ ἀποτίσον ἀργύριον), lautet: τί χρὴ παθεῖν ἢ ἀποτῖσαι; Apol. 36 B τί ἄξιός εἰμι παθεῖν ἢ ἀποτῖσαι; Hierbei geht ἀποτῖσαι auf Geldstrafen, παθεῖν auf die übrigen Strafen, auf Tod, Verbannung, Gefängnis, Atimie. Eine solche Strafschätzung konnte in den ἀγῶνες τιμητοί, in denen die Strafe nicht schon durch das Gesetz festgesetzt, sondern erst von den Richtern zu bestimmen war, auch von dem Beklagten ausgehen.

ΠΟΛΙΤΕΙΑΣ α'. 37

πάσχειν τῷ μὴ εἰδότι; προσήκει δέ που μαθεῖν παρὰ τοῦ εἰδότος· καὶ ἐγὼ οὖν τοῦτο ἀξιῶ παθεῖν.' 'ἡδὺς γὰρ εἶ', ἔφη· 'ἀλλὰ πρὸς τῷ μαθεῖν καὶ ἀπότισον ἀργύριον.' 'οὐκοῦν ἐπειδάν μοι γένηται', εἶπον. 'ἀλλ' ἔστιν', ἔφη ὁ Γλαύκων· 'ἀλλ' 5 ἕνεκα ἀργυρίου, ὦ Θρασύμαχε, λέγε· πάντες γὰρ ἡμεῖς Σωκράτει εἰσοίσομεν.' 'πάνυ γε, οἶμαι', ἦ δ' ὅς, 'ἵνα Σωκράτης E τὸ εἰωθὸς διαπράξηται, αὐτὸς μὲν μὴ ἀποκρίνηται, ἄλλου δ' ἀποκρινομένου λαμβάνῃ λόγον καὶ ἐλέγχῃ.' 'πῶς γὰρ ἄν', ἔφην ἐγώ, 'ὦ βέλτιστε, τὶς ἀποκρίναιτο πρῶτον μὲν μὴ εἰδὼς 10 μηδὲ φάσκων εἰδέναι, ἔπειτα, εἴ τι καὶ οἴεται περὶ τούτων, ἀπειρημένον αὐτῷ εἴη, ὅπως μηδὲν ἐρεῖ ὧν ἡγεῖται, ὑπ' ἀνδρὸς οὐ φαύλου; ἀλλὰ σὲ δὴ μᾶλλον εἰκὸς λέγειν· σὺ γὰρ δὴ φῂς εἰδέναι καὶ ἔχειν εἰπεῖν. μὴ οὖν ἄλλως ποίει, ἀλλὰ ἐμοί 338 τε χαρίζου ἀποκρινόμενος καὶ μὴ φθονήσῃς καὶ Γλαύκωνα 15 τόνδε διδάξαι καὶ τοὺς ἄλλους.'

XII. Εἰπόντος δέ μου ταῦτα ὅ τε Γλαύκων καὶ οἱ ἄλλοι ἐδέοντο αὐτοῦ μὴ ἄλλως ποιεῖν· καὶ ὁ Θρασύμαχος φανερὸς μὲν ἦν ἐπιθυμῶν εἰπεῖν, ἵν' εὐδοκιμήσειεν, ἡγούμενος ἔχειν ἀπόκρισιν παγκάλην· προσεποιεῖτο δὲ φιλονεικεῖν πρὸς τὸ 20 ἐμὲ εἶναι τὸν ἀποκρινόμενον. τελευτῶν δὲ ξυνεχώρησεν, κἄπειτα· 'αὕτη δή', ἔφη, 'ἡ Σωκράτους σοφία, αὐτὸν μὲν μὴ ἐθέλειν Β

---

2. ἡδύς ironisch: naiv. H.
3. πρὸς τῷ μ., praeterquam quod. ἀπότισον ἀργύριον. Die Habsucht der Sophisten gegenüber der Uneigennützigkeit des Sokrates wird gegeiſselt.
5. ἕνεκα. S. zu 329 B.
8. λαμβάνειν λόγον, die Rede eines anderen hernehmen. Meno 75 D σὸν ἔργον λαμβάνειν λόγον καὶ ἐλέγχειν.
9. πρῶτον μὲν — ἔπειτα. In ἔπειτα ist der Gegensatz so klar ausgedrückt, dafs er der Hinzufügung von δὲ nicht bedarf.
10. οἴεται, wie das folgende ἡγεῖται vom subjektiven Meinen, das dem εἰδέναι entgegengesetzt ist. H.
11. ἀπειρημένον αὐτῷ εἴη anakoluthisch, als ob statt μὴ εἰδὼς μηδὲ φάσκων εἰδέναι vorherginge εἰ μή τις εἰδείη μηδὲ φάσκοι εἰ-

δέναι. Wie könnte man antworten, wenn man erstens unwissend ist und das auch bekennt, zweitens auch in dem Falle, dafs man eine Meinung hat, sie doch nicht äufsern dürfte?
ὅπως μὴ nach ἀπαγορεύειν selten statt des Infinitivs. Vgl. 339 A.
14. μὴ φθονήσῃς, Formel der dringenden Aufforderung, wie das vorausgehende μὴ ἄλλως ποίει (vgl. 328 B). φθονεῖν, neidisch vorenthalten, sich weigern.
19. φιλονεικεῖν πρὸς τὸ κτλ., rechthaberisch, eifersüchtig darauf bestehen, dafs ich die Rolle des Antwortenden übernehme. Mit dem Accusativ konstruiert Prot. 360 E φιλονεικεῖν μοι δοκεῖς τὸ ἐμὲ εἶναι τὸν ἀποκρινόμενον.
21. αὕτη — ἡ Σωκρ. σοφία, das

διδάσκειν, παρὰ δὲ τῶν ἄλλων περιόντα μανθάνειν καὶ τούτων μηδὲ χάριν ἀποδιδόναι.' 'ὅτι μέν', ἦν δ' ἐγώ, 'μανθάνω παρὰ τῶν ἄλλων, ἀληθῆ εἶπες, ὦ Θρασύμαχε· ὅτι δὲ οὔ με φῂς χάριν ἐκτίνειν, ψεύδει. ἐκτίνω γὰρ ὅσην δύναμαι· δύναμαι δὲ ἐπαινεῖν μόνον· χρήματα γὰρ οὐκ ἔχω· ὡς δὲ προ- θύμως τοῦτο δρῶ, ἐάν τίς μοι δοκῇ εὖ λέγειν, εὖ εἴσει αὐτίκα C δὴ μάλα, ἐπειδὰν ἀποκρίνῃ· οἶμαι γάρ σε εὖ ἐρεῖν.' 'ἄκουε δή', ἦ δ' ὅς. 'φημὶ γὰρ ἐγὼ εἶναι τὸ δίκαιον οὐκ ἄλλο τι ἢ τὸ τοῦ κρείττονος ξυμφέρον. ἀλλὰ τί οὐκ ἐπαινεῖς; ἀλλ' οὐκ ἐθελήσεις.' 'ἐὰν μάθω γε πρῶτον', ἔφην, 'τί λέγεις· νῦν γὰρ οὔπω οἶδα. τὸ τοῦ κρείττονος φῂς ξυμφέρον δίκαιον εἶναι. καὶ τοῦτο, ὦ Θρασύμαχε, τί ποτε λέγεις; οὐ γάρ που τό γε τοιόνδε φῄς· εἰ Πουλυδάμας ἡμῶν κρείττων ὁ παγκρατιαστὴς καὶ αὐτῷ ξυμφέρει τὰ βόεια κρέα πρὸς τὸ σῶμα, τοῦτο τὸ D σιτίον εἶναι καὶ ἡμῖν τοῖς ἥττοσιν ἐκείνου ξυμφέρον ἅμα καὶ

ist jene bekannte Weisheit des Sokrates. 337 A αὕτη 'κείνη ἡ εἰωθυῖα εἰρωνεία.
2. μηδὲ χάριν, geschweige denn Geld. H.
7. ἄκουε δή, feierliche Ankündigung einer wichtigen Eröffnung. Gorg. 523 A ἄκουε δή, φασί, μάλα καλοῦ λόγου.
8. φημὶ γάρ. Ges. IV 714 B οὔτε γὰρ πρὸς τὸν πόλεμον οὔτε πρὸς ἀρετὴν ὅλην βλέπειν δεῖν φασι τοὺς νόμους, ἀλλ' ἥτις ἂν καθεστηκυῖα ᾖ πολιτεία, ταύτη ἰδεῖν τὸ ξυμφέρον, ὅπως ἄρξει τε ἀεὶ καὶ μὴ καταλυθήσεται, καὶ τὸν φύσει ὅρον τοῦ δικαίου λέγεσθαι κάλλισθ' οὕτως. ΚΛ. Πῶς; ΑΘ. Ὅτι τὸ τοῦ κρείττονος ξυμφέρον ἐστί.
9. τὸ τοῦ κρείττονος ξυμφέρον. Ein adjektiver Begriff substantiviert und deshalb mit dem Genitiv verbunden (339 A τὸ τῆς καθεστηκυίας ἀρχῆς ξυμφέρον), im folgenden jedoch auch vielfach mit dem Dativ.
τί οὐκ ἐπαινεῖς; Der Fragesatz enthält eine nachdrückliche Aufforderung.
ἀλλ' οὐκ ἐθελήσεις, wohl aus Neid. H.

10. πρῶτον, zuvor. Zu Phaid. 63 D.
13. Πουλυδάμας, ein Thessalier (Πουλυδ. thessalische Form für Πολυδ.) von ungewöhnlicher Größe, der Ol. 93, 1 (408 v. Chr.) im Pankration zu Olympia siegte. Deshalb war ihm dort eine Bildsäule errichtet. παγκράτιον war eine Verbindung von Ring- und Faustkampf, die erst Ol. 33 (648 v. Chr.) unter die Olympischen Spiele aufgenommen wurde.
15. ἐκείνου gehört nicht zu ἥττοσιν, sondern zu ξυμφέρον. Du behauptest doch nicht, dafs, wenn Pulydamas stärker ist als wir, und ihm Rindfleisch zuträglich ist, diese Speise deshalb auch uns den Schwächeren als das jenem Zuträgliche zugleich gerecht sei? Die allgemeine Formel κρείττονος ξυμφέρον wird auf den vorliegenden Fall angewendet. Zöge man ἐκείνου zu ἥττοσιν, so ergäbe sich daraus der Sinn, dafs das dem Stärkeren Zuträgliche auch dem Schwächeren zuträglich sei, was Thrasymachos gar nicht behauptet hatte.

ΠΟΛΙΤΕΙΑΣ α'. 39

δίκαιον.' 'βδελυρὸς γὰρ εἶ', ἔφη, 'ὦ Σώκρατες, καὶ ταύτῃ ὑπολαμβάνεις, ᾗ ἂν κακουργήσαις μάλιστα τὸν λόγον.' 'οὐδαμῶς, ὦ ἄριστε', ἦν δ' ἐγώ· 'ἀλλὰ σαφέστερον εἰπέ, τί λέγεις.' 'εἶτ' οὐκ οἶσθ'', ἔφη, 'ὅτι τῶν πόλεων αἱ μὲν τυραννοῦνται, αἱ δὲ δημοκρατοῦνται, αἱ δὲ ἀριστοκρατοῦνται;' 'πῶς γὰρ οὔ;' 'οὐκοῦν τοῦτο κρατεῖ ἐν ἑκάστῃ πόλει, τὸ ἄρχον;' 'πάνυ γε.' 'τίθεται δέ γε τοὺς νόμους ἑκάστῃ ἡ ἀρχὴ πρὸς τὸ αὐτῇ ξυμ- E φέρον, δημοκρατία μὲν δημοκρατικούς, τυραννὶς δὲ τυραννικούς, καὶ αἱ ἄλλαι οὕτως· θέμεναι δὲ ἀπέφηναν τοῦτο δί-
10 καιον τοῖς ἀρχομένοις εἶναι, τὸ σφίσι ξυμφέρον, καὶ τὸν τούτου ἐκβαίνοντα κολάζουσιν ὡς παρανομοῦντά τε καὶ ἀδικοῦντα. τοῦτ' οὖν ἐστιν, ὦ βέλτιστε, ὃ λέγω ἐν ἁπάσαις ταῖς πόλεσιν ταὐτὸν εἶναι δίκαιον, τὸ τῆς καθεστηκυίας ἀρχῆς 339 ξυμφέρον· αὕτη δέ που κρατεῖ, ὥστε ξυμβαίνει τῷ ὀρθῶς
15 λογιζομένῳ πανταχοῦ εἶναι τὸ αὐτὸ δίκαιον, τὸ τοῦ κρείττονος ξυμφέρον.' 'νῦν', ἦν δ' ἐγώ, 'ἔμαθον ὃ λέγεις· εἰ δὲ ἀληθὲς ἢ μή, πειράσομαι μαθεῖν. τὸ ξυμφέρον μὲν οὖν, ὦ Θρασύμαχε, καὶ σὺ ἀπεκρίνω δίκαιον εἶναι· καίτοι ἔμοιγε ἀπηγόρευες ὅπως μὴ τοῦτο ἀποκρινοίμην· πρόσεστιν δὲ δὴ αὐτόθι
20 τὸ τοῦ κρείττονος.' 'σμικρά γε ἴσως', ἔφη, 'προσθήκη.' 'οὔπω B δῆλον οὐδ' εἰ μεγάλη· ἀλλ' ὅτι μὲν τοῦτο σκεπτέον εἰ ἀληθῆ λέγεις, δῆλον. ἐπειδὴ γὰρ ξυμφέρον γέ τι εἶναι καὶ ἐγὼ ὁμολογῶ τὸ δίκαιον, σὺ δὲ προστιθεῖς καὶ αὐτὸ φῂς εἶναι τὸ τοῦ κρείττονος, ἐγὼ δὲ ἀγνοῶ, σκεπτέον δή.' 'σκόπει', ἔφη.

1. γὰρ versichernd: ja, wirklich. Ebenso 340 D.
2. κακουργεῖν, durch Anwendung verfänglicher Kunstgriffe und Trugmittel einen Satz zu Falle bringen. Vgl. 341 A.
4. εἶτα in unwilligen Fragen: du weifst also nicht?
6. κρατεῖ = κρεῖττόν ἐστιν.
τὸ ἄρχον angekündigt durch τοῦτο. Ebenso im folgenden τοῦτο — τὸ σφίσι ξυμφέρον.
9. καὶ αἱ ἄλλαι οὕτως entspricht unserem und so weiter. Vgl. 346 A.
14. ξυμβαίνειν in der Schlufsfolgerung: sich ergeben, folgen.
16. νῦν — ἔμαθον. Mit einer

gewissen Emphase wird im Dialog ein Resultat als ein fertiges hingestellt (νῦν), zu dem die eine Person gelangte (ἔμαθον), während die andere ihre Meinung erst noch aussprach. Il. P 173 νῦν δέ σευ ὠνοσάμην πάγχυ φρένας, οἷον ἔειπες.
18. ἀπηγόρευες: 336 D.
19. αὐτόθι, in deiner jetzigen Definition.
20. ἴσως mit ironischem Beigeschmack. Nach seiner Auseinandersetzung liegt auf diesem Zusatze der Hauptnachdruck. Ebenso 348 D.
23. προστιθείς. Zu 335 A.
24. σκεπτέον δή. σκοπεῖν ist nur im Präsens und Imperfektum üblich, die übrigen Formen werden von σκέπτεσθαι gebildet. 342 A

XIII. 'Ταῦτ' ἔσται', ἦν δ' ἐγώ. 'καί μοι εἰπέ· οὐ καὶ πείθεσθαι μέντοι τοῖς ἄρχουσιν δίκαιον φῂς εἶναι;' 'ἔγωγε.' 'πότερον δὲ ἀναμάρτητοί εἰσιν οἱ ἄρχοντες ἐν ταῖς πόλεσιν ἑκάσταις ἢ οἷοί τι καὶ ἁμαρτεῖν;' 'πάντως που', ἔφη, 'οἷοί τι καὶ ἁμαρτεῖν.' 'οὐκοῦν ἐπιχειροῦντες νόμους τιθέναι τοὺς μὲν ὀρθῶς τιθέασιν, τοὺς δέ τινας οὐκ ὀρθῶς;' 'οἶμαι ἔγωγε.' 'τὸ δὲ ὀρθῶς ἄρα τὸ τὰ ξυμφέροντά ἐστι τίθεσθαι ἑαυτοῖς, τὸ δὲ μὴ ὀρθῶς ἀξύμφορα; ἢ πῶς λέγεις;' 'οὕτως.' 'ἃ δ' ἂν θῶνται, ποιητέον τοῖς ἀρχομένοις, καὶ τοῦτό ἐστι τὸ δίκαιον;' 'πῶς γὰρ οὔ;' 'οὐ μόνον ἄρα δίκαιόν ἐστιν κατὰ τὸν σὸν λόγον τὸ τοῦ κρείττονος ξυμφέρον ποιεῖν, ἀλλὰ καὶ τοὐναντίον, τὸ μὴ ξυμφέρον.' 'τί λέγεις σύ;' ἔφη. 'ἃ σὺ λέγεις, ἔμοιγε δοκῶ· σκοπῶμεν δὲ βέλτιον. οὐχ ὡμολόγηται τοὺς ἄρχοντας τοῖς ἀρχομένοις προστάττοντας ποιεῖν ἄττα ἐνίοτε διαμαρτάνειν τοῦ ἑαυτοῖς βελτίστου, ἃ δ' ἂν προστάττωσιν οἱ ἄρχοντες, δίκαιον εἶναι τοῖς ἀρχομένοις ποιεῖν; ταῦτ' οὐχ ὡμολόγηται;' 'οἶμαι ἔγωγε', ἔφη. 'οἴου τοίνυν', ἦν δ' ἐγώ, 'καὶ τὸ ἀξύμφορα ποιεῖν τοῖς ἄρχουσί τε καὶ κρείττοσι δίκαιον εἶναι ὡμολογῆσθαί σοι, ὅταν οἱ μὲν ἄρχοντες ἄκοντες κακὰ αὑτοῖς προστάττωσιν, τοῖς δὲ δίκαιον εἶναι φῇς ταῦτα ποιεῖν, ἃ ἐκεῖνοι προσέταξαν· ἆρα τότε, ὦ σοφώτατε Θρασύμαχε, οὐκ ἀναγκαῖον συμβαίνει αὐτὸ οὑτωσί, δίκαιον εἶναι ποιεῖν τοὐναντίον ἢ ὃ σὺ λέγεις; τὸ γὰρ τοῦ κρείττονος ἀξύμφορον δήπου προστάττεται .

ἥτις αὐτῇ τὸ ξυμφέρον σκέψεται καὶ τῇ σκοπουμένῃ κτλ.
1. οὐ — μέντοι, nicht wahr, du behauptest doch? Man erwartet mit Gewifsheit eine bejahende Antwort. 346 A.
3. πότερον. Ähnliche Argumentation 334 C. H.
4. ἢ οἷοί τι καὶ ἁμαρτεῖν, oder sind es Leute, die auch einmal einen Fehler machen können?
6. τοὺς δέ τινας. τινὰς einschränkend, dem τὶ ἁμαρτεῖν entsprechend.
7. τὸ δὲ ὀρθῶς, nämlich νόμους τιθέναι.
ἑαυτοῖς, zu ihrem Wohle. H. Das Reflexivum mit Nachdruck zum Medium hinzugefügt.

11. τοὐναντίον, nämlich ποιεῖν.
12. τί λέγεις σύ; eine bei den Attikern häufig vorkommende Frage, mit der sie den Gegner einzuschüchtern versuchen. H. Was verführst du da für ein Gerede?
13. δοκῶ, nämlich λέγειν. H.
17. οἴου — ἆρα τότε. Der Imperativ statt eines hypothetischen Vordersatzes.
20. τοῖς δέ, nämlich ἀρχομένοις. 343 D ὁ μὲν δίκαιος — ὁ δέ.
21. ἆρα τότε, ergiebt sich in diesem Falle nicht, dafs so gerade das notwendig ist, dafs gerecht ist das Gegenteil von dem zu thun, was du sagst?

ΠΟΛΙΤΕΙΑΣ α'. 41

τοῖς ἥττοσιν ποιεῖν.' 'ναὶ μὰ Δί'', ἔφη, 'ὦ Σώκρατες', ὁ Πο- 340
λέμαρχος, 'σαφέστατά γε.' 'ἐὰν σύ γ'', ἔφη, 'αὐτῷ μαρτυρήσῃς', ὁ Κλειτοφῶν ὑπολαβών. 'καὶ τί', ἔφη, 'δεῖται μάρτυρος;
αὐτὸς γὰρ Θρασύμαχος ὁμολογεῖ τοὺς μὲν ἄρχοντας ἐνίοτε
5 ἑαυτοῖς κακὰ προστάττειν, τοῖς δὲ ἀρχομένοις δίκαιον εἶναι
ταῦτα ποιεῖν.' 'τὸ γὰρ τὰ κελευόμενα ποιεῖν, ὦ Πολέμαρχε,
ὑπὸ τῶν ἀρχόντων δίκαιον εἶναι ἔθετο Θρασύμαχος.' 'καὶ γὰρ
τὸ τοῦ κρείττονος, ὦ Κλειτοφῶν, ξυμφέρον δίκαιον εἶναι
ἔθετο. ταῦτα δὲ ἀμφότερα θέμενος ὡμολόγησεν αὖ ἐνίοτε B
10 τοὺς κρείττους τὰ αὑτοῖς ἀξύμφορα κελεύειν τοὺς ἥττους τε
καὶ ἀρχομένους ποιεῖν. ἐκ δὲ τούτων τῶν ὁμολογιῶν οὐδὲν
μᾶλλον τὸ τοῦ κρείττονος ξυμφέρον δίκαιον ἂν εἴη ἢ τὸ μὴ
ξυμφέρον.' 'ἀλλ'', ἔφη ὁ Κλειτοφῶν, 'τὸ τοῦ κρείττονος ξυμφέρον ἔλεγεν ὃ ἡγοῖτο ὁ κρείττων αὑτῷ ξυμφέρειν· τοῦτο
15 ποιητέον εἶναι τῷ ἥττονι, καὶ τὸ δίκαιον τοῦτο ἐτίθετο.' 'ἀλλ'
οὐχ οὕτως', ἦ δ' ὅς ὁ Πολέμαρχος, 'ἐλέγετο.' 'οὐδέν', ἦν δ'
ἐγώ, 'ὦ Πολέμαρχε, διαφέρει, ἀλλ' εἰ νῦν οὕτω λέγει Θρασύ- C
μαχος, οὕτως αὐτοῦ ἀποδεχώμεθα.
XIV. Καί μοι εἰπέ, ὦ Θρασύμαχε· τοῦτο ἦν ὃ ἐβούλου
20 λέγειν τὸ δίκαιον τὸ τοῦ κρείττονος ξυμφέρον [τὸ ξυμφέρον]
δοκοῦν εἶναι τῷ κρείττονι, ἐάν τε ξυμφέρῃ ἐάν τε μή; οὕτω
σε φῶμεν λέγειν;' 'ἥκιστά γε', ἔφη· 'ἀλλὰ κρείττω με οἴει
καλεῖν τὸν ἐξαμαρτάνοντα, ὅταν ἐξαμαρτάνῃ;' 'ἔγωγε', εἶπον,

1. ἔφη — ὁ Πολέμαρχος. Platon unterbricht manchmal durch eine derartige Einschaltung des ἔφη und seines Subjekts die Rede.
2. ἐὰν σύ γ'. γὲ manchmal bei ironischer Zustimmung. Ja freilich mufs es so sein, wenn ein Mann wie du seine Partei ergreift.
3. ὁ Κλειτοφῶν. Für den Lehrer tritt der Schüler ein. S. Einleit. S. 4.
δεῖται, nämlich Sokrates. H.
6. τὸ γὰρ — Θρασύμαχος sind natürlich Worte des Kleitophon.
14. ὃ ἡγοῖτο ὁ κρείττων. Der Begriff nützlich wird also nicht mehr objektiv, sondern subjektiv gefafst.
19. τοῦτο ἦν. War das der Sinn, in welchem du das Gerechte als das dem Stärkeren Zuträgliche definiertest, dafs

das Gerechte das sein sollte, was dem Stärkeren zuträglich zu sein scheint, mag es nun wirklich zuträglich sein oder nicht? Durch die ersten Worte τὸ δίκαιον τὸ τοῦ κρείττονος ξυμφέρον wird die von Thrasymachos wiederholt gegebene Definition (338 C τὸ δίκαιον οὐκ ἄλλο τι ἢ τὸ τοῦ κρείττονος ξυμφέρον, 339 A πανταχοῦ εἶναι τὸ αὐτὸ δίκαιον, τὸ τοῦ κρείττονος ξυμφέρον) möglichst unverändert wiederholt, durch die folgenden τὸ ξυμφέρον δοκοῦν εἶναι τῷ κρείττονι wird die von dem Freunde des Thrasymachos gegebene Erläuterung ὃ ἡγοῖτο ὁ κρείττων αὑτῷ ξυμφέρον in diejenige Form gebracht, in welcher ihr Unterschied von der vorhergehenden scharf hervortritt.

42 ΠΛΑΤΩΝΟΣ

'ᾤμην σε τοῦτο λέγειν, ὅτε τοὺς ἄρχοντας ὡμολόγεις οὐκ ἀν-
D αμαρτήτους εἶναι, ἀλλά τι καὶ ἐξαμαρτάνειν.' 'συκοφάντης γὰρ
εἶ', ἔφη, 'ὦ Σώκρατες, ἐν τοῖς λόγοις· ἐπεὶ αὐτίκα ἰατρὸν
καλεῖς σὺ τὸν ἐξαμαρτάνοντα περὶ τοὺς κάμνοντας κατ' αὐτὸ
τοῦτο ὃ ἐξαμαρτάνει; ἢ λογιστικόν, ὃς ἂν ἐν λογισμῷ ἁμαρ- 5
τάνῃ, τότε ὅταν ἁμαρτάνῃ, κατὰ ταύτην τὴν ἁμαρτίαν; ἀλλ',
οἶμαι, λέγομεν τῷ ῥήματι οὕτως, ὅτι ὁ ἰατρὸς ἐξήμαρτεν καὶ
ὁ λογιστὴς ἐξήμαρτεν καὶ ὁ γραμματιστής· τὸ δ', οἶμαι, ἕκα-
E στος τούτων, καθ' ὅσον τοῦτ' ἔστιν ὃ προσαγορεύομεν αὐτόν,
οὐδέποτε ἁμαρτάνει· ὥστε κατὰ τὸν ἀκριβῆ λόγον, ἐπειδὴ καὶ 10
σὺ ἀκριβολογεῖ, οὐδεὶς τῶν δημιουργῶν ἁμαρτάνει. ἐπιλιπού-
σης γὰρ ἐπιστήμης ὁ ἁμαρτάνων ἁμαρτάνει, ἐν ᾧ οὐκ ἔστι
δημιουργός· ὥστε δημιουργὸς ἢ σοφὸς ἢ ἄρχων οὐδεὶς ἁμαρ-
τάνει τότε ὅταν ἄρχων ᾖ, ἀλλὰ πᾶς γ' ἂν εἴποι, ὅτι ὁ ἰατρὸς
ἥμαρτεν καὶ ὁ ἄρχων ἥμαρτεν. τοιοῦτον οὖν δή σοι καὶ ἐμὲ 15
ὑπόλαβε νῦν δὴ ἀποκρίνεσθαι· τὸ δὲ ἀκριβέστατον ἐκεῖνο
341 τυγχάνει ὄν, τὸν ἄρχοντα, καθ' ὅσον ἄρχων ἐστίν, μὴ ἁμαρ-
τάνειν, μὴ ἁμαρτάνοντα δὲ τὸ αὑτῷ βέλτιστον τίθεσθαι, τοῦτο
δὲ τῷ ἀρχομένῳ ποιητέον· ὥστε, ὅπερ ἐξ ἀρχῆς ἔλεγον, δί-
καιον λέγω τὸ τοῦ κρείττονος ποιεῖν συμφέρον.' 20
XV. 'Εἶεν', ἦν δ' ἐγώ, 'ὦ Θρασύμαχε· δοκῶ σοι συκο-
φαντεῖν;' 'πάνυ μὲν οὖν', ἔφη. 'οἴει γάρ με ἐξ ἐπιβουλῆς ἐν

2. συκοφάντης γὰρ εἶ, du steckst vollFinten. συκοφάντης ursprünglich wer die anzeigt, welche gegen das Verbot handelten Feigen aus Attika auszuführen, später wer ein Gewerbe daraus machte andere, insbesondere Reiche, durch Klagen oder durch Drohungen mit denselben zu chikanieren und zu brandschatzen.
3. αὐτίκα führt, wie unser gleich, manchmal ein Beispiel ein.
7. τῷ ῥήματι, dem Ausdruck, dem Wortlaut nach. Gegensatz: κατὰ τὸν ἀκριβῆ λόγον. 341 B wird dieser Gegensatz bezeichnet durch τὸν ὡς ἔπος εἰπεῖν und τὸν ἀκριβεῖ λόγῳ.
8. ὁ γραμματιστής. Euthyd. 279 E περὶ γραμμάτων γραφῆς τε καὶ ἀναγνώσεως (εὐπραγίαν) οἱ γραμματισταὶ (εὐτυχέστατοί εἰσιν).

τὸ δὲ führt adverbartig eine der vorigen Behandlung entgegengesetzte ein.
9. καθ' ὅσον τοῦτ' ἔστιν, also in seiner begrifflichen Reinheit gesetzt, nicht nach der Ungenauigkeit des gewöhnlichen Ausdruckes. Thrasymachos nimmt also das 339 C gemachte Zugeständnis zurück οἱ ἄρχοντες οἷοί τι καὶ ἁμαρτεῖν. H.
11. δημιουργοί sind Fachleute, Meister in ihrem Fache.
12. ἐν ᾧ, und insofern ist er kein Meister. Auch V 455 B ist ἐν ᾧ quatenus.
14. ὅταν ἄρχων ᾖ. Man erwartet noch ἢ δημιουργὸς ἢ σοφός. Diese Unvollständigkeit findet sich bei Platon nicht selten.
19. ἐξ ἀρχῆς, 339 A.

ΠΟΛΙΤΕΙΑΣ α'. 43

τοῖς λόγοις κακουργοῦντά σε ἐρέσθαι ὡς ἠρόμην;' 'εὖ μὲν οὖν οἶδα', ἔφη· 'καὶ οὐδέν γέ σοι πλέον ἔσται· οὔτε γὰρ ἄν με λάθοις κακουργῶν, οὔτε μὴ λαθὼν βιάσασθαι τῷ λόγῳ δύ- B ναιο.' 'οὐδέ γ' ἂν ἐπιχειρήσαιμι', ἦν δ' ἐγώ, 'ὦ μακάριε. 5 ἀλλ' ἵνα μὴ αὖθις ἡμῖν τοιοῦτον ἐγγένηται, διόρισαι, ποτέρως λέγεις τὸν ἄρχοντά τε καὶ τὸν κρείττονα, τὸν ὡς ἔπος εἰπεῖν ἢ τὸν ἀκριβεῖ λόγῳ, ὃν νῦν δὴ ἔλεγες, οὗ τὸ ξυμφέρον κρείττονος ὄντος δίκαιον ἔσται τῷ ἥττονι ποιεῖν.' 'τὸν τῷ ἀκριβεστάτῳ', ἔφη, 'λόγῳ ἄρχοντα ὄντα. πρὸς ταῦτα κακούργει 10 καὶ συκοφάντει, εἴ τι δύνασαι· οὐδέν σου παρίεμαι· ἀλλ' οὐ μὴ οἷός τ' ᾖς.' 'οἴει γὰρ ἄν με', εἶπον, 'οὕτω μανῆναι, ὥστε C ξυρεῖν ἐπιχειρεῖν λέοντα καὶ συκοφαντεῖν Θρασύμαχον;' 'νῦν γοῦν', ἔφη, 'ἐπεχείρησας, οὐδὲν ὢν καὶ ταῦτα.' 'ἅδην', ἦν δ' ἐγώ, 'τῶν τοιούτων. ἀλλ' εἰπέ μοι· ὁ τῷ ἀκριβεῖ λόγῳ ἰατρός, 15 ὃν ἄρτι ἔλεγες, πότερον χρηματιστής ἐστιν ἢ τῶν καμνόντων θεραπευτής; καὶ λέγε τὸν τῷ ὄντι ἰατρὸν ὄντα.' 'τῶν καμνόντων', ἔφη, 'θεραπευτής.' 'τί δὲ κυβερνήτης; ὁ ὀρθῶς κυβερνήτης ναυτῶν ἄρχων ἐστὶν ἢ ναύτης;' 'ναυτῶν ἄρχων.' D

---

1. κακουργοῦντα bezeichnet die Absicht. Ebenso 346 E τὰ ἀλλότρια κακὰ μεταχειρίζεσθαι ἀνορθοῦντα. μὲν οὖν steigernd, immo vero.
2. οὐδέν γέ σοι πλέον ἔσται, du wirst davon keinen Gewinn haben, wirst damit nichts ausrichten.
3. μὴ λαθών, wenn du es nicht heimlich, unbemerkt machen kannst, also offen.
6. ὡς ἔπος εἰπεῖν steht in der Regel im Sinne einer Einschränkung. Apol. 17 A καίτοι ἀληθές γε, ὡς ἔπος εἰπεῖν, οὐδὲν εἰρήκασιν, fast möchte man sagen nichts. Es bezeichnet also den Ausdruck, zu dem es gehört, als einen ungenauen. So auch hier: den Regierenden, so zu sagen, um mich so auszudrücken, was man gewöhnlich so den Regierenden nennt.
7. ἀκριβεῖ λόγῳ, im strengen, prägnanten Sinne des Wortes. Ebenso 341 C τὸν τῷ ὄντι ἰατρόν, ὁ ὀρθῶς κυβερνήτης, 342 D ὁ ἀκριβὴς ἰατρός, 345 C τὸν ὡς ἀληθῶς ἰατρόν, 345 E τοὺς ἀληθῶς ἄρχοντας.
8. τῷ ἀκριβεστάτῳ. Thrasymachos braucht ohne alle Not den Superlativ.
10. οὐδέν σου παρίεμαι, ich beanspruche keine Gnade von dir.
οὐ (φόβος) μὴ οἷός τ' ᾖς, non vereor, ne id possis facere h. e. facere certe non poteris.
12. ξυρεῖν λέοντα, leonem radere, tondere. παροιμία ἐπὶ τῶν καθ' ἑαυτῶν τι ᾗ ἀδύνατα ποιεῖν ἐπιχειρούντων λεγομένη. Schol.
13. οὐδέν εἰμι, ich bin nichts wert. Vgl. οὐδὲν λέγειν.
14. ὁ — ἰατρός. Die Ärzte und Steuermänner werden auch im Staatsmann 297 E mit den Herrschern zusammengestellt.
15. χρηματιστής. Das ärztliche Honorar hiefs τὰ ἰατρεῖα. Die öffentlichen Ärzte waren zu unentgeltlicher Behandlung der Kranken verpflichtet.
18. ναύτης in diesem Zusammenhange ὃς πλεῖ ἐν τῇ νηΐ, ἐπιβάτης.

ΠΛΑΤΩΝΟΣ

'οὐδέν, οἶμαι, τοῦτο ὑπολογιστέον, ὅτι πλεῖ ἐν τῇ νηΐ, οὐδ' ἐστὶν κλητέος ναύτης· οὐ γὰρ κατὰ τὸ πλεῖν κυβερνήτης καλεῖται, ἀλλὰ κατὰ τὴν τέχνην καὶ τὴν τῶν ναυτῶν ἀρχήν.' 'ἀληθῆ', ἔφη. 'οὐκοῦν ἑκάστῳ τούτων ἔστιν τι ξυμφέρον;' 'πάνυ γε.' 'οὐ καὶ ἡ τέχνη', ἦν δ' ἐγώ, 'ἐπὶ τούτῳ πέφυκεν, ἐπὶ τῷ τὸ ξυμφέρον ἑκάστῳ ζητεῖν τε καὶ ἐκπορίζειν;' 'ἐπὶ τούτῳ', ἔφη. 'ἆρ' οὖν καὶ ἑκάστῃ τῶν τεχνῶν ἔστιν τι ξυμφέρον ἄλλο ἢ ὅ τι μάλιστα τελέαν εἶναι;' 'πῶς τοῦτο ἐρωτᾷς;' 'ὥσπερ', ἔφην ἐγώ, 'εἴ με ἔροιο, εἰ ἐξαρκεῖ σώματι εἶναι σώματι ἢ προσδεῖταί τινος, εἴποιμ' ἂν ὅτι παντάπασι μὲν οὖν προσδεῖται. διὰ ταῦτα καὶ ἡ τέχνη ἐστὶν ἡ ἰατρικὴ νῦν εὑρημένη, ὅτι σῶμά ἐστιν πονηρὸν καὶ οὐκ ἐξαρκεῖ αὐτῷ τοιούτῳ εἶναι. τούτῳ οὖν ὅπως ἐκπορίζῃ τὰ ξυμφέροντα, ἐπὶ τούτῳ παρεσκευάσθη ἡ τέχνη. ἦ ὀρθῶς σοι δοκῶ', ἔφην, 'ἂν εἰπεῖν οὕτω λέγων, ἢ οὔ;' 'ὀρθῶς', ἔφη. 'τί δὲ δή; αὐτὴ ἡ ἰατρικὴ ἐστιν πονηρά, ἢ ἄλλη τις τέχνη ἔσθ' ὅ τι προσδεῖταί τινος ἀρετῆς, ὥσπερ ὀφθαλμοὶ ὄψεως καὶ ὦτα ἀκοῆς καὶ διὰ ταῦτα ἐπ' αὐτοῖς δεῖ τινὸς τέχνης τῆς τὸ ξυμφέρον εἰς ταῦτα σκεψομένης τε καὶ ἐκποριζούσης; ἆρα καὶ ἐν αὐτῇ τῇ τέχνῃ ἔνι τις πονηρία, καὶ δεῖ ἑκάστῃ τέχνῃ ἄλλης τέχνης, ἥτις αὐτῇ τὸ ξυμφέρον σκέψεται, καὶ τῇ σκοπουμένῃ ἑτέρας αὖ τοιαύτης καὶ τοῦτ' ἔστιν ἀπέραντον; ἢ αὐτὴ αὑτῇ τὸ ξυμφέρον σκέψεται; ἢ οὔτε

4. ἑκάστῳ τούτων, nämlich τῶν ἰατρῶν, τῶν κυβερνητῶν. Für jeden von diesen giebt es doch ein Zuträgliches. Für den Arzt besteht dasselbe nicht darin, dafs er Honorar empfängt, für den Steuermann nicht darin, dafs er mit zur See fährt. Worin besteht denn nun das für beide Zuträgliche? Das läfst sich nur dadurch finden, dafs man auf das Wesen der Künste eingeht, die sie ausüben.
7. ἆρ' οὖν. Die verschiedenen Künste haben nichts anderes ihnen Zuträgliches als ihrem Begriffe möglichst vollständig zu entsprechen. 345 D ἐπεὶ τά γε αὑτῆς, ὥστ' εἶναι βελτίστη, ἱκανῶς δήπου ἐκπεπόρισται (ἡ ποιμενική), ἕως γ' ἂν μηδὲν ἐνδέῃ τοῦ ποιμενικῇ εἶναι.
8. τέλεος im Sinne von αὐτάρ-

κης, sich selbst genügend, keines anderen bedürftig. Der Gegensatz dazu ist πονηρός, mangelhaft. Die πονηρία des Körpers tritt in Krankheiten zu Tage. X 609 C ἡ σώματος πονηρία νόσος οὖσα.
πῶς τοῦτο ἐρωτᾷς; Wie ist diese deine Frage zu verstehen? 347 A πῶς τοῦτο λέγεις;
15. τί δὲ δή; Wie ferner? Übergang zu etwas Neuem.
16. ἔσθ' ὅ τι, in irgendeiner Beziehung, viel nachdrücklicher als das blofse Pronomen indefinitum. Ebenso 346 D. 352 E. 353 D ἔσθ' ὅτῳ ἄλλῳ.
17. ἀρετῆς. S. zu 353 B.
18. εἰς ταῦτα auf ὄψις und ἀκοή bezüglich in dem Sinne: alles was mit dem Gesicht und Gehör zusammenhängt.

ΠΟΛΙΤΕΙΑΣ α'. 45

αὑτῆς οὔτε ἄλλης προσδεῖται ἐπὶ τὴν αὑτῆς πονηρίαν τὸ ξυμφέρον σκοπεῖν· οὔτε γὰρ πονηρία οὔτε ἁμαρτία οὐδεμία οὐδεμιᾷ τέχνῃ πάρεστιν, οὐδὲ προσήκει τέχνῃ ἄλλῳ τὸ ξυμφέρον ζητεῖν ἢ ἐκείνῳ οὗ τέχνη ἐστίν, αὐτὴ δὲ ἀβλαβὴς καὶ 5 ἀκέραιός ἐστιν ὀρθὴ οὖσα, ἕωσπερ ἂν ᾖ ἑκάστη ἀκριβὴς ὅλη ἥπερ ἐστίν; καὶ σκόπει ἐκείνῳ τῷ ἀκριβεῖ λόγῳ· οὕτως ἢ ἄλλως ἔχει;' 'οὕτως', ἔφη, 'φαίνεται.' 'οὐκ ἄρα', ἦν δ' ἐγώ, 'ἰατρικὴ ἰατρικῇ τὸ ξυμφέρον σκοπεῖ ἀλλὰ σώματι.' 'ναί', ἔφη. C 'οὐδὲ ἱππικὴ ἱππικῇ ἀλλ' ἵπποις· οὐδὲ ἄλλη τέχνη οὐδεμία 10 ἑαυτῇ, οὐδὲ γὰρ προσδεῖται, ἀλλ' ἐκείνῳ οὗ τέχνη ἐστίν.' 'φαίνεται', ἔφη, 'οὕτως.' 'ἀλλὰ μήν, ὦ Θρασύμαχε, ἄρχουσί γε αἱ τέχναι καὶ κρατοῦσιν ἐκείνου, οὗπέρ εἰσιν τέχναι.' συνεχώρησεν ἐνταῦθα καὶ μάλα μόγις. 'οὐκ ἄρα ἐπιστήμη γε οὐδεμία τὸ τοῦ κρείττονος ξυμφέρον σκοπεῖ οὐδ' ἐπιτάττει, ἀλλὰ 15 τὸ τοῦ ἥττονός τε καὶ ἀρχομένου ὑπὸ ἑαυτῆς.' ξυνωμολόγησε D μὲν καὶ ταῦτα τελευτῶν, ἐπεχείρει δὲ περὶ αὐτὰ μάχεσθαι· ἐπειδὴ δὲ ὡμολόγησεν· 'ἄλλο τι οὖν', ἦν δ' ἐγώ, 'οὐδὲ ἰατρὸς οὐδείς, καθ' ὅσον ἰατρός, τὸ τῷ ἰατρῷ ξυμφέρον σκοπεῖ οὐδ' ἐπιτάττει, ἀλλὰ τὸ τῷ κάμνοντι; ὡμολόγηται γὰρ ὁ ἀκριβὴς 20 ἰατρὸς σωμάτων εἶναι ἄρχων ἀλλ' οὐ χρηματιστής. ἢ οὐχ ὡμολόγηται;' ξυνέφη. 'οὐκοῦν καὶ ὁ κυβερνήτης ὁ ἀκριβὴς ναυτῶν εἶναι ἄρχων ἀλλ' οὐ ναύτης;' 'ὡμολόγηται.' 'οὐκ ἄρα ὅ E γε τοιοῦτος κυβερνήτης τε καὶ ἄρχων τὸ τῷ κυβερνήτῃ ξυμφέρον σκέψεταί τε καὶ προστάξει, ἀλλὰ τὸ τῷ ναύτῃ τε καὶ 25 ἀρχομένῳ.' ξυνέφησε μόγις. 'οὐκοῦν', ἦν δ' ἐγώ, 'ὦ Θρασύμαχε, οὐδὲ ἄλλος οὐδεὶς ἐν οὐδεμιᾷ ἀρχῇ, καθ' ὅσον ἄρχων ἐστίν, τὸ αὑτῷ ξυμφέρον σκοπεῖ οὐδ' ἐπιτάττει, ἀλλὰ τὸ τῷ

1. τὸ ξυμφέρον σκοπεῖν. Der Infinitiv bringt noch zur Ergänzung des Vorhergehenden die Angabe des Zweckes.
5. ὀρϑὴ οὖσα, wenn sie im strengen Sinne des Wortes zu nehmen, wenn sie eine wahre ist.
ἕωσπερ ἂν ᾖ, so lange jede in ihrem ganzen Umfange vollkommen das ist, was sie ist.
6. ἐκείνῳ τῷ ἀκριβεῖ λόγῳ. Der instrumentale Dativ bezeichnet den Mafsstab, nach dem etwas beurteilt oder betrachtet wird.
12. συνεχώρησεν. Indem der Dialog durch die Erzählung unterbrochen wird, wird die ausführliche Behandlung des Unwesentlichen vermieden. H.
13. καὶ μάλα μόγις. Thrasymachos beginnt die Folgen seiner Zugeständnisse zu ahnen, da die Rede auf das ἄρχειν und κρατεῖν kommt.
ἐπιστήμη tritt hier für τέχνη ein. S. zu 332 C.
17. ἄλλο τι. S. zu 337 C.

ἀρχομένῳ καὶ ᾧ ἂν αὐτὸς δημιουργῇ, καὶ πρὸς ἐκεῖνο βλέπων καὶ τὸ ἐκείνῳ ξυμφέρον καὶ πρέπον καὶ λέγει ἃ λέγει καὶ ποιεῖ ἃ ποιεῖ ἅπαντα.'

XVI. Ἐπειδὴ οὖν ἐνταῦθα ἦμεν τοῦ λόγου καὶ πᾶσι καταφανὲς ἦν, ὅτι ὁ τοῦ δικαίου λόγος εἰς τοὐναντίον περιειστήκει, ὁ Θρασύμαχος ἀντὶ τοῦ ἀποκρίνεσθαι· 'εἰπέ μοι', ἔφη, 'ὦ Σώκρατες, τίτθη σοι ἔστιν;' 'τί δέ;' ἦν δ' ἐγώ· 'οὐκ ἀποκρίνεσθαι χρῆν μᾶλλον ἢ τοιαῦτα ἐρωτᾶν;' 'ὅτι τοί σε', ἔφη, 'κορυζῶντα περιορᾷ καὶ οὐκ ἀπομύττει δεόμενον, ὅς γε αὐτῇ οὐδὲ πρόβατα οὐδὲ ποιμένα γιγνώσκεις.' 'ὅτι δὴ τί μάλιστα;' ἦν δ' ἐγώ. 'ὅτι οἴει τοὺς ποιμένας ἢ τοὺς βουκόλους τὸ τῶν προβάτων ἢ τὸ τῶν βοῶν ἀγαθὸν σκοπεῖν καὶ παχύνειν αὐτοὺς καὶ θεραπεύειν πρὸς ἄλλο τι βλέποντας ἢ τὸ τῶν δεσποτῶν ἀγαθὸν καὶ τὸ αὐτῶν· καὶ δὴ καὶ τοὺς ἐν ταῖς πόλεσιν ἄρχοντας, οἳ ὡς ἀληθῶς ἄρχουσιν, ἄλλως πως ἡγεῖ διακεῖσθαι πρὸς τοὺς ἀρχομένους ἢ ὥσπερ ἄν τις πρὸς πρόβατα διατεθείη, καὶ ἄλλο τι σκοπεῖν αὐτοὺς διὰ νυκτὸς καὶ ἡμέρας ἢ τοῦτο, ὅθεν αὐτοὶ ὠφελήσονται. καὶ οὕτω πόρρω εἶ περί τε τοῦ δικαίου καὶ δικαιοσύνης καὶ ἀδίκου τε καὶ ἀδικίας, ὥστε ἀγνοεῖς, ὅτι ἡ μὲν δικαιοσύνη καὶ τὸ δίκαιον ἀλλότριον ἀγαθὸν τῷ ὄντι, τοῦ κρείττονός τε καὶ ἄρχοντος ξυμφέρον, οἰκεία δὲ τοῦ πειθομένου τε καὶ ὑπηρετοῦντος βλάβη, ἡ δὲ ἀδικία τοὐναντίον, καὶ ἄρχει τῶν ὡς ἀληθῶς εὐηθικῶν τε καὶ δικαίων, οἱ δ' ἀρχόμενοι ποιοῦσιν τὸ ἐκείνου ξυμφέρον κρείτ-

---

1. ἐκεῖνο, weil τῷ ἀρχομένῳ Neutrum ist.
5. ὁ τοῦ δικαίου λόγος. Der objektive Genitiv im Sinne von περί mit dem Genitiv.
9. κορυζῶντα. Mit der Verstopfung der Nase pflegt Eingenommenheit des Kopfes und Unklarheit im Denken verbunden zu sein. Der Spott wird dadurch noch beifsender, dafs Thrasymachos den Sokrates als einen Menschen von so kindischer Unbehilflichkeit hinstellt, dafs er zum Schneuzen noch jemand anders braucht.
10. αὐτῇ. Der Dativ bringt die Amme mit der Unbeholfenheit des Sokrates in Verbindung, macht sie dafür verantwortlich. H.

ὅτι δὴ τί μάλιστα, nämlich ἐστίν; Aus welchem Grunde denn eigentlich? Wörtlich: Weil was denn eigentlich der Fall ist?
18. ὠφελήσονται in passiver Bedeutung.
πόρρω εἶναι, links sein, auf dem Holzwege sein.
20. ἡ μὲν δικαιοσύνη selbstverständlich nur die, welche von den Untergebenen geübt wird, indem sie den Herrschenden gehorchen (339 B), nicht die, welche von den Herrschenden geübt wird. Denn was diese thun, wird jetzt offen als ἀδικία bezeichnet.
23. τοὐναντίον, also οἰκεῖον μὲν ἀγαθόν, ἀλλοτρία δὲ βλάβη.

τόνος όντος, καὶ εὐδαίμονα ἐκεῖνον ποιοῦσιν ὑπηρετοῦντες αὐτῷ, ἑαυτοὺς δὲ οὐδ' ὁπωστιοῦν. σκοπεῖσθαι δέ, ὦ εὐηθέ- D στατε Σώκρατες, οὑτωσὶ χρή, ὅτι δίκαιος ἀνὴρ ἀδίκου πανταχοῦ ἔλαττον ἔχει. πρῶτον μὲν ἐν τοῖς πρὸς ἀλλήλους ξυμβολαίοις, 5 ὅπου ἂν ὁ τοιοῦτος τῷ τοιούτῳ κοινωνήσῃ, οὐδαμοῦ ἂν εὕροις ἐν τῇ διαλύσει τῆς κοινωνίας πλέον ἔχοντα τὸν δίκαιον τοῦ ἀδίκου ἀλλ' ἔλαττον· ἔπειτα ἐν τοῖς πρὸς τὴν πόλιν, ὅταν τέ τινες εἰσφοραὶ ὦσιν, ὁ μὲν δίκαιος ἀπὸ τῶν ἴσων πλέον εἰσφέρει, ὁ δ' ἔλαττον, ὅταν τε λήψεις, ὁ μὲν οὐδέν, ὁ δὲ πολλὰ E 10 κερδαίνει. καὶ γὰρ ὅταν ἀρχήν τινα ἄρχῃ ἑκάτερος, τῷ μὲν δικαίῳ ὑπάρχει, καὶ εἰ μηδεμία ἄλλη ζημία, τά γε οἰκεῖα δι' ἀμέλειαν μοχθηροτέρως ἔχειν, ἐκ δὲ τοῦ δημοσίου μηδὲν ὠφελεῖσθαι διὰ τὸ δίκαιον εἶναι, πρὸς δὲ τούτοις ἀπέχθεσθαι τοῖς τε οἰκείοις καὶ τοῖς γνωρίμοις, ὅταν μηδὲν ἐθέλῃ αὐτοῖς ὑπη- 15 ρετεῖν παρὰ τὸ δίκαιον· τῷ δὲ ἀδίκῳ πάντα τούτων τἀναντία ὑπάρχει. λέγω γὰρ ὅνπερ νῦν δὴ ἔλεγον, τὸν μεγάλα δυνά-344 μενον πλεονεκτεῖν. τοῦτον οὖν σκόπει, εἴπερ βούλει κρίνειν, ὅσῳ μᾶλλον ξυμφέρει ἰδίᾳ αὐτῷ ἄδικον εἶναι ἢ τὸ δίκαιον. πάντων δὲ ῥᾷστα μαθήσει, ἐὰν ἐπὶ τὴν τελεωτάτην ἀδικίαν 20 ἔλθῃς, ἣ τὸν μὲν ἀδικήσαντα εὐδαιμονέστατον ποιεῖ, τοὺς δὲ ἀδικηθέντας καὶ ἀδικῆσαι οὐκ ἂν ἐθέλοντας ἀθλιωτάτους. ἔστιν δὲ τοῦτο τυραννίς, ἣ οὐ κατὰ σμικρὸν τἀλλότρια καὶ λάθρα καὶ βίᾳ ἀφαιρεῖται, καὶ ἱερὰ καὶ ὅσια καὶ ἴδια καὶ δημόσια, ἀλλὰ ξυλλήβδην· ὧν ἐφ' ἑκάστῳ μέρει ὅταν τις ἀδικήσας μὴ B 25 λάθῃ, ζημιοῦταί τε καὶ ὀνείδη ἔχει τὰ μέγιστα· καὶ γὰρ

---

3. δίκαιος ἀνήρ natürlich im Sinne des Thrasymachos.
4. ξυμβολαίοις. S. zu 333 A.
8. εἰσφορὰ hiefs in Athen die Einkommensteuer. Sie gehörte zu den aufserordentlichen Einnahmen des Staates und wurde nur in Kriegsfällen erhoben.
9. ὁ δέ. S. zu 339 E.
11. καὶ εἰ, auch wenn, sogar dann, wenn, bezeichnet den Hauptsatz als unabweislich bei jeder Bedingung, selbst bei der ausgesprochenen, die als die äufserste erscheint.
12. μοχθηροτέρως. Diese Komparativbildung ist bei Platon nicht gerade selten. 347 E ἀληθεστέρως.

13. ἀπέχθεσθαι setzt ein Präsens ἀπέχθομαι neben ἀπεχθάνομαι voraus.
16. ὅνπερ νῦν δὴ ἔλεγον. 343 D hiefs es δίκαιος ἀνὴρ ἀδίκου πανταχοῦ ἔλαττον ἔχει und οὐδαμοῦ ἂν εὕροις ἐν τῇ διαλύσει τῆς κοινωνίας πλέον ἔχοντα τὸν δίκαιον τοῦ ἀδίκου ἀλλ' ἔλαττον.
18. τὸ δίκαιον, nämlich εἶναι τῷ δικαίῳ.
22. τοῦτο τυραννίς. Anders 346 B αὕτη γὰρ αὐτῆς ἡ δύναμις.
23. ἱερὰ das den Göttern Vorbehaltene, ὅσια das den Menschen Zuträgliche, also Heiliges und Profanes.

ἱερόσυλοι καὶ ἀνδραποδισταὶ καὶ τοιχωρύχοι καὶ ἀποστερηταὶ καὶ κλέπται οἱ κατὰ μέρη ἀδικοῦντες τῶν τοιούτων κακουργημάτων καλοῦνται· ἐπειδὰν δέ τις πρὸς τοῖς τῶν πολιτῶν χρήμασιν καὶ αὐτοὺς ἀνδραποδισάμενος δουλώσηται, ἀντὶ τούτων τῶν αἰσχρῶν ὀνομάτων εὐδαίμονες καὶ μακάριοι κέκληνται C οὐ μόνον ὑπὸ τῶν πολιτῶν ἀλλὰ καὶ ὑπὸ τῶν ἄλλων, ὅσοι ἂν πύθωνται αὐτὸν τὴν ὅλην ἀδικίαν ἠδικηκότα· οὐ γὰρ τὸ ποιεῖν τὰ ἄδικα ἀλλὰ τὸ πάσχειν φοβούμενοι ὀνειδίζουσιν οἱ ὀνειδίζοντες τὴν ἀδικίαν. οὕτως, ὦ Σώκρατες, καὶ ἰσχυρότερον καὶ ἐλευθεριώτερον καὶ δεσποτικώτερον ἀδικία δικαιοσύνης ἐστὶν ἱκανῶς γιγνομένη, καὶ ὅπερ ἐξ ἀρχῆς ἔλεγον, τὸ μὲν τοῦ κρείττονος ξυμφέρον τὸ δίκαιον τυγχάνει ὄν, τὸ δ' ἄδικον ἑαυτῷ λυσιτελοῦν τε καὶ ξυμφέρον.'

XVII. Ταῦτα εἰπὼν ὁ Θρασύμαχος ἐν νῷ εἶχεν ἀπιέναι, ὥσπερ βαλανεὺς ἡμῶν καταντλήσας κατὰ τῶν ὤτων ἀθρόον καὶ πολὺν τὸν λόγον. οὐ μὴν εἴασάν γε αὐτὸν οἱ παρόντες, ἀλλ' ἠνάγκασαν ὑπομεῖναί τε καὶ παρασχεῖν τῶν εἰρημένων λόγον· καὶ δὴ ἔγωγε καὶ αὐτὸς πάνυ ἐδεόμην τε καὶ εἶπον· 'ὦ δαιμόνιε Θρασύμαχε, οἷον ἐμβαλὼν λόγον ἐν νῷ ἔχεις ἀπιέναι, πρὶν διδάξαι ἱκανῶς ἢ μαθεῖν, εἴτε οὕτως εἴτε ἄλλως E ἔχει; ἢ σμικρὸν οἴει ἐπιχειρεῖν πρᾶγμα διορίζεσθαι, ἀλλ' οὐ βίου διαγωγήν, ᾗ ἂν διαγόμενος ἕκαστος ἡμῶν λυσιτελεστάτην ζωὴν ζῴη;' 'ἐγὼ γὰρ οἶμαι', ἔφη ὁ Θρασύμαχος, 'τουτὶ ἄλλως

2. οἱ κατὰ μέρη τῶν τοιούτων κακουργημάτων ἀδικοῦντες. κατὰ μέρη vertritt die Stelle eines Objektsaccusatives.
3. ἐπειδάν δέ τις — κέκληνται — αὐτόν. Wechsel des Numerus. Nach εἴ τις, ἐάν τις ist der Plural nicht selten. Bei αὐτὸν schwebt der Begriff des Tyrannen vor. 347 A folgt auf den Plural τοῖς μέλλουσιν ἐθελήσειν ἄρχειν der Singular ἐὰν μὴ ἄρχῃ.
πρὸς τοῖς — χρήμασιν durch Zeugma mit ἀνδραποδισάμενος verbunden.
5. αἰσχρὰ ὀνόματα sind Bezeichnungen für häfsliche Dinge, ἱεροσυλίαι, ἀνδραποδισμοὶ usw.
κέκληνται, sie führen in der Geschichte diese Bezeichnungen, wenn ihr verbrecherischer Anschlag vollständigen Erfolg hatte (ἠδικηκότα). Vorher stand καλοῦνται mit Rücksicht auf das, was tagtäglich geschieht.
11. ἱκανῶς, gehörig, im grofsen, nicht im kleinen. H.
13. ἑαυτῷ auf τοῦ κρείττονος bezüglich.
15. ἀθρόον καὶ πολὺν τὸν λόγον, einen grofsen Wortschwall.
19. ἐμβαλών. Reden werden oft mit Geschossen verglichen.
23. ἐγὼ γὰρ — ἔχειν; Denke ich etwa darüber anders? Höhnische Frage. So entgegengesetzt auch die Lebensanschauungen des Sokrates und Thrasymachos waren, über die Wichtigkeit dieser Frage waren sie einig.

ΠΟΛΙΤΕΙΑΣ α'. 49

ἔχειν;' 'ἔοικας', ἦν δ' ἐγώ, 'ἤτοι ἡμῶν γε οὐδὲν κήδεσθαι, οὐδέ τι φροντίζειν, εἴτε χεῖρον εἴτε βέλτιον βιωσόμεθα ἀγνοοῦντες δ σὺ φῂς εἰδέναι. ἀλλ', ὦ 'γαθέ, προθυμοῦ καὶ ἡμῖν ἐνδείξασθαι· οὔτοι κακῶς σοι κείσεται, ὅ τι ἂν ἡμᾶς τοσούσδε 345 5 ὄντας εὐεργετήσῃς. ἐγὼ γὰρ δή σοι λέγω τό γ' ἐμόν, ὅτι οὐ πείθομαι οὐδ' οἶμαι ἀδικίαν δικαιοσύνης κερδαλεώτερον εἶναι, οὐδ' ἐὰν ἐᾷ τις αὐτὴν καὶ μὴ διακωλύῃ πράττειν ἃ βούλεται· ἀλλ', ὦ 'γαθέ, ἔστω μὲν ἄδικος, δυνάσθω δὲ ἀδικεῖν ἢ τῷ λανθάνειν ἢ τῷ διαμάχεσθαι, ὅμως ἐμέ γε οὐ πείθει ὡς ἔστι 10 τῆς δικαιοσύνης κερδαλεώτερον. ταῦτ' οὖν καὶ ἕτερος ἴσως B τις ἡμῶν πέπονθεν, οὐ μόνος ἐγώ. πεῖσον οὖν, ὦ μακάριε, ἱκανῶς ἡμᾶς, ὅτι οὐκ ὀρθῶς βουλευόμεθα δικαιοσύνην ἀδικίας περὶ πλείονος ποιούμενοι.' 'καὶ πῶς', ἔφη, 'σὲ πείσω; εἰ γὰρ οἷς νῦν δὴ ἔλεγον μὴ πέπεισαι, τί σοι ἔτι ποιήσω; ἢ εἰς τὴν 15 ψυχὴν φέρων ἐνθῶ τὸν λόγον;' 'μὰ Δί'', ἦν δ' ἐγώ, 'μὴ σύ γε· ἀλλὰ πρῶτον μέν, ἃ ἂν εἴπῃς, ἔμμενε τούτοις, ἢ ἐὰν μετατιθῇ, φανερῶς μετατίθεσο καὶ ἡμᾶς μὴ ἐξαπάτα. νῦν δὲ ὁρᾷς, ὦ Θρασύμαχε, ἔτι γὰρ τὰ ἔμπροσθεν ἐπισκεψώμεθα, ὅτι C τὸν ὡς ἀληθῶς ἰατρὸν τὸ πρῶτον ὁριζόμενος τὸν ὡς ἀληθῶς 20 ποιμένα οὐκέτι ᾤου δεῖν ὕστερον ἀκριβῶς φυλάξαι, ἀλλὰ πιαίνειν οἴει αὐτὸν τὰ πρόβατα, καθ' ὅσον ποιμήν ἐστιν, οὐ πρὸς τὸ τῶν προβάτων βέλτιστον βλέποντα, ἀλλ' ὥσπερ δαιτυμόνα τινὰ καὶ μέλλοντα ἑστιάσεσθαι πρὸς τὴν εὐωχίαν, ἢ

1. ἔοικας. Zu ergänzen οἴεσθαι τοῦτο ἄλλως ἔχειν. Entweder die Sache scheint dir nicht wichtig genug zu sein oder du magst dich unsrer nicht annehmen. Ähnlich steht das disjunktive ἤτοι IV 433 A τοῦτό ἐστιν — ἤτοι τούτου τι εἶδος ἡ δικαιοσύνη. Gewöhnlich findet sich in dieser Verbindung ἤτοι — ἤ.
4. κακῶς — κείσεται, es wird nicht schlecht aufgehoben, angelegt sein. Thuk. I 129, 3 κεῖταί σοι εὐεργεσία ἐν τῷ ἡμετέρῳ οἴκῳ· Zu 333 C.
5. τό γ' ἐμόν, was mich wenigstens angeht, wenigstens meinerseits.
8. ἢ τῷ λανθάνειν ἢ τῷ διαμάχεσθαι. 344 A καὶ λάθρᾳ καὶ βίᾳ. H.
9. πείθει. Subjekt ist τοῦτο, nämlich τὸ δύνασθαι ἀδικεῖν.

11. πάσχειν von dem Eindruck, den eine Rede auf den Zuhörer macht.
14. τί σοι ἔτι ποιήσω; Was soll ich noch mit dir anfangen, anstellen?
15. ἐνθῶ τὸν λόγον. Soll ich dir denn den Satz auf mechanischem Wege eintrichtern? ἐντιθέναι wird in Arist. Rittern 717 von den Ammen gesagt, die den Kindern den vorgekauten Bissen in den Mund stecken.
μὴ σύ γε, Formel einer entschiedenen Ablehnung.
19. τὸ πρῶτον: 341 C.
20. ὕστερον: 343 B.
23. καὶ μέλλοντα ἑστιάσεσθαι explikativ zu δαιτυμόνα τινὰ gesetzt.

Platons ausgew. Dialoge. VII. 4

Δ αὖ πρὸς τὸ ἀποδόσθαι, ὥσπερ χρηματιστὴν ἀλλ' οὐ ποιμένα. τῇ δὲ ποιμενικῇ οὐ δήπου ἄλλου του μέλει ἤ, ἐφ' ᾧ τέτακται, ὅπως τούτῳ τὸ βέλτιστον ἐκποριεῖ· ἐπεὶ τά γε αὐτῆς, ὥστ' εἶναι βελτίστη, ἱκανῶς δήπου ἐκπεπόρισται, ἕως γ' ἂν μηδὲν ἐνδέῃ τοῦ ποιμενικὴ εἶναι· οὕτω δὲ ᾤμην ἔγωγε νῦν δὴ 5 ἀναγκαῖον εἶναι ἡμῖν ὁμολογεῖν, πᾶσαν ἀρχήν, καθ' ὅσον ἀρχή, μηδενὶ ἄλλῳ τὸ βέλτιστον σκοπεῖσθαι ἢ ἐκείνῳ τῷ ἀρ-
E χομένῳ τε καὶ θεραπευομένῳ, ἔν τε πολιτικῇ καὶ ἰδιωτικῇ ἀρχῇ. σὺ δὲ τοὺς ἄρχοντας ἐν ταῖς πόλεσιν, τοὺς ἀληθῶς ἄρχοντας, ἑκόντας οἴει ἄρχειν;' 'μὰ Δί' οὔκ', ἔφη, 'ἀλλ' 10 εὖ οἶδα.'

XVIII. 'Τί δέ;' ἦν δ' ἐγώ, 'ὦ Θρασύμαχε, τὰς ἄλλας ἀρχὰς οὐκ ἐννοεῖς ὅτι οὐδεὶς ἐθέλει ἄρχειν ἑκών, ἀλλὰ μισθὸν αἰτοῦσιν, ὡς οὐχὶ αὐτοῖσιν ὠφελίαν ἐσομένην ἐκ τοῦ ἄρχειν 346 ἀλλὰ τοῖς ἀρχομένοις; ἐπεὶ τοσόνδε εἰπέ· οὐχὶ ἑκάστην μέντοι 15 φαμὲν ἑκάστοτε τῶν τεχνῶν τούτῳ ἑτέραν εἶναι, τῷ ἑτέραν τὴν δύναμιν ἔχειν; καί, ὦ μακάριε, μὴ παρὰ δόξαν ἀποκρίνου, ἵνα τι καὶ περαίνωμεν.' 'ἀλλὰ τούτῳ', ἔφη, 'ἑτέρα.' 'οὐκοῦν καὶ ὠφελίαν ἑκάστη ἰδίαν τινὰ ἡμῖν παρέχεται, ἀλλ' οὐ κοινήν, οἷον ἰατρικὴ μὲν ὑγίειαν, κυβερνητικὴ δὲ σωτηρίαν ἐν τῷ 20 πλεῖν, καὶ αἱ ἄλλαι οὕτω;' 'πάνυ γε.' 'οὐκοῦν καὶ μισθωτικὴ
B μισθόν; αὕτη γὰρ αὐτῆς ἡ δύναμις· ἢ τὴν ἰατρικὴν σὺ καὶ

---

4. ἕως γ' ἄν, solange ihr nur nichts daran mangelt eine Hirtenkunst zu sein, solange sie nur in keiner Hinsicht hinter der Anforderung, die man an eine Hirtenkunst macht, zurücksteht.
5. ᾤμην: 342 E.
9. ἀρχή, Stellung. Bei der ἰδιωτικὴ ἀρχὴ wird man an die Stellung eines Hirten, eines Steuermannes, eines Arztes zu denken haben, an eine Stellung, die auf dem Besitz einer im Privatleben zur Geltung kommenden τέχνη beruht.
10. οὔκ, nämlich οἴομαι. Thrasymachos hat die entgegengesetzte Überzeugung als Sokrates.
12. τὰς ἄλλας ἀρχάς, offenbar die ἰδιωτικάς, die der δημιουργοί, die ja immer nur nebensächlich neben den πολιτικαὶ behandelt werden. Auf die ἀρχὴ im engeren Sinne kommt Sokrates erst 346 E οὐδεμία τέχνη οὐδὲ ἀρχή.
14. ὡς — ὠφελίαν ἐσομένην. ὡς mit absolutem Accusativ.
17. παρὰ δόξαν in demselben Sinne wie 350 E παρά γε τὴν σαυτοῦ δόξαν.
18. ἵνα τι καὶ περαίνωμεν, damit wir auch, damit wir wirklich etwas zu stande bringen. Ebenso 351 A und 348 C ἐπειδὴ καὶ λέγω.
21. μισθωτική. Was in der Wirklichkeit beisammen ist, hält Platon als Idealist auseinander und stellt so die nur ideell existierende μισθωτική, also eine bloſse Abstraktion, neben die konkreten τέχναι, wie die ἰατρική eine ist. H.

ΠΟΛΙΤΕΙΑΣ α'. 51

τὴν κυβερνητικὴν τὴν αὐτὴν καλεῖς; ἢ ἐάνπερ βούλῃ ἀκριβῶς διορίζειν, ὥσπερ ὑπέθου, οὐδέν τι μᾶλλον, ἐάν τις κυβερνῶν ὑγιὴς γίγνηται διὰ τὸ ξυμφέρειν αὐτῷ πλεῖν ἐν τῇ θαλάττῃ, ἕνεκα τούτου καλεῖς μᾶλλον αὐτὴν ἰατρικήν;' 'οὐ δῆτα', ἔφη. 5 'οὐδέ γ', οἶμαι, τὴν μισθωτικήν, ἐὰν ὑγιαίνῃ τις μισθαρνῶν.' 'οὐ δῆτα.' 'τί δέ; τὴν ἰατρικὴν μισθαρνητικήν, ἐὰν ἰώμενός τις μισθαρνῇ;' 'οὔκ', ἔφη. 'οὐκοῦν τήν γε ὠφελίαν ἑκάστης C τῆς τέχνης ἰδίαν ὡμολογήσαμεν εἶναι;' 'ἔστω', ἔφη. 'ἥντινα ἄρα ὠφελίαν κοινῇ ὠφελοῦνται πάντες οἱ δημιουργοί, δῆλον 10 ὅτι κοινῇ τινὶ τῷ αὐτῷ προσχρώμενοι ἀπ' ἐκείνου ὠφελοῦνται. 'ἔοικεν', ἔφη. 'φαμὲν δέ γε τὸ μισθὸν ἀρνυμένους ὠφελεῖσθαι τοὺς δημιουργοὺς ἀπὸ τοῦ προσχρῆσθαι τῇ μισθωτικῇ τέχνῃ γίγνεσθαι αὐτοῖς.' ξυνέφη μόγις. 'οὐκ ἄρα ἀπὸ τῆς αὐτοῦ τέχνης ἑκάστῳ αὕτη ἡ ὠφελία ἐστίν, ἡ τοῦ μισθοῦ λῆψις, D 15 ἀλλ', εἰ δεῖ ἀκριβῶς σκοπεῖσθαι, ἡ μὲν ἰατρικὴ ὑγίειαν ποιεῖ, ἡ δὲ μισθαρνητικὴ μισθόν, καὶ ἡ μὲν οἰκοδομικὴ οἰκίαν, ἡ δὲ μισθαρνητικὴ αὐτῇ ἑπομένη μισθόν, καὶ αἱ ἄλλαι πᾶσαι οὕτως τὸ αὑτῆς ἑκάστη ἔργον ἐργάζεται καὶ ὠφελεῖ ἐκεῖνο, ἐφ' ᾧ τέτακται. ἐὰν δὲ μὴ μισθὸς αὐτῇ προσγίγνηται, ἔσθ' ὅ τι 20 ὠφελεῖται ὁ δημιουργὸς ἀπὸ τῆς τέχνης;' 'οὐ φαίνεται', ἔφη. 'ἆρ' οὖν οὐδ' ὠφελεῖ τότε, ὅταν προῖκα ἐργάζηται;' 'οἶμαι E ἔγωγε.' 'οὐκοῦν, ὦ Θρασύμαχε, τοῦτο ἤδη δῆλον, ὅτι οὐδεμία τέχνη οὐδὲ ἀρχὴ τὸ αὑτῇ ὠφέλιμον παρασκευάζει, ἀλλ', ὅπερ πάλαι ἐλέγομεν, τὸ τῷ ἀρχομένῳ καὶ παρασκευάζει καὶ ἐπι- 25 τάττει, τὸ ἐκείνου ξυμφέρον ἥττονος ὄντος σκοποῦσα, ἀλλ' οὐ τὸ τοῦ κρείττονος. διὰ δὴ ταῦτα ἔγωγε, ὦ φίλε Θρασύμαχε,

---

1. τὴν αὐτήν. Das könnte man ja, da sie als κοινὴν ὠφελίαν den μισθός haben.
2. ὥσπερ ὑπέθου, wie du als Grundsatz hinstelltest. H.
4. μᾶλλον, potius. H.
5. οὐδέ γ' — τὴν μισθωτικήν, nämlich καλεῖς ἰατρικήν. H.
10. τινὶ τῷ αὐτῷ προσχρώμενοι, indem sie irgend etwas, was aber für alle dasselbe ist, nebenbei, außer dem Hauptsächlichen noch zur Anwendung bringen.
11. τὸ μισθὸν ἀρνυμένοις. Dafs die Fachmänner Nutzen haben, indem sie Lohn verdienen, das wird ihnen dadurch zu teil, dafs sie usw.
14. ἡ τοῦ μισθοῦ λῆψις ist also nicht ein den Begriff selbst konstituierendes Merkmal, sondern nur ein Accidens.
17. αἱ ἄλλαι πᾶσαι — ἑκάστη. Statt des partitiven Verhältnisses ist das appositionelle eingetreten.
19. ἔσθ' ὅ τι. Zu 342 A.
23. ἀλλ'. Aus οὐδεμία ist nach ἀλλ' natürlich ἑκάστη zu entnehmen, wie aus μηδένα im folgenden Satze ἕκαστον nach ἀλλά.

4*

καὶ ἄρτι ἔλεγον μηδένα ἐθέλειν ἑκόντα ἄρχειν καὶ τὰ ἀλλότρια κακὰ μεταχειρίζεσθαι ἀνορθοῦντα, ἀλλὰ μισθὸν αἰτεῖν, ὅτι ὁ μέλλων καλῶς τῇ τέχνῃ πράξειν οὐδέποτε αὐτῷ τὸ βέλτιστον πράττει οὐδ' ἐπιτάττει κατὰ τὴν τέχνην ἐπιτάττων, ἀλλὰ τῷ ἀρχομένῳ· ὧν δὴ ἕνεκα, ὡς ἔοικε, μισθὸν δεῖν ὑπάρχειν τοῖς μέλλουσιν ἐθελήσειν ἄρχειν, ἢ ἀργύριον ἢ τιμήν, ἢ ζημίαν, ἐὰν μὴ ἄρχῃ.'

XIX. 'Πῶς τοῦτο λέγεις, ὦ Σώκρατες;' ἔφη ὁ Γλαύκων. 'τοὺς μὲν γὰρ δύο μισθοὺς γιγνώσκω· τὴν δὲ ζημίαν ἥντινα λέγεις καὶ ὡς ἐν μισθοῦ μέρει εἴρηκας, οὐ ξυνῆκα.' 'τὸν τῶν βελτίστων ἄρα μισθόν', ἔφην, 'οὐ ξυνιεῖς, δι' ὃν ἄρχουσιν οἱ ἐπιεικέστατοι, ὅταν ἐθέλωσιν ἄρχειν. ἢ οὐκ οἶσθα, ὅτι τὸ φιλότιμόν τε καὶ φιλάργυρον εἶναι ὄνειδος λέγεται τε καὶ ἔστιν;' 'ἔγωγε', ἔφη. 'διὰ ταῦτα τοίνυν', ἦν δ'. ἐγώ, 'οὔτε χρημάτων ἕνεκα ἐθέλουσιν ἄρχειν οἱ ἀγαθοὶ οὔτε τιμῆς· οὔτε γὰρ φανερῶς πραττόμενοι τῆς ἀρχῆς ἕνεκα μισθὸν μισθωτοὶ βούλονται κεκλῆσθαι, οὔτε λάθρᾳ αὐτοὶ ἐκ τῆς ἀρχῆς λαμβάνοντες κλέπται· οὐδ' αὖ τιμῆς ἕνεκα· οὐ γάρ εἰσι φιλότιμοι. δεῖ δὴ αὐτοῖς ἀνάγκην προσεῖναι καὶ ζημίαν, εἰ μέλλουσιν ἐθέλειν ἄρχειν· ὅθεν κινδυνεύει τὸ ἑκόντα ἐπὶ τὸ ἄρχειν ἰέναι ἀλλὰ μὴ ἀνάγκην περιμένειν αἰσχρὸν νενομίσθαι. τῆς δὲ ζημίας μεγίστη τὸ ὑπὸ πονηροτέρου ἄρχεσθαι, ἐὰν μὴ αὐτὸς ἐθέλῃ ἄρχειν· ἣν δείσαντές μοι φαίνονται ἄρχειν, ὅταν ἄρχωσιν, οἱ ἐπιεικεῖς, καὶ τότε ἔρχονται ἐπὶ τὸ ἄρχειν, οὐχ ὡς ἐπ' ἀγαθόν τι ἰόντες οὐδ' ὡς εὐπαθήσοντες ἐν αὐτῷ, ἀλλ' ὡς ἐπ' ἀναγκαῖον καὶ οὐκ

---

1. ἄρτι: 345 E.
2. ἀνορθοῦντα. Zu 341 A.
5. δεῖν, als ob ἔοικε voranginge, nicht ὡς ἔοικε.
6. ἀργύριον. Bei den Griechen waren die höheren Staatsämter allerdings Ehrenämter. Doch war Besoldung nicht ganz unbekannt; sie wurde den öffentlichen Sachwaltern und Ärzten, namentlich aber allen Dienern der Behörden, wie den Schreibern, gewährt.
7. ἄρχῃ. Zu 344 B.
10. καὶ ὡς ἐν μισθοῦ μέρει, und als eine Art (ὡς) Lohn bezeichnet hast.
16. μισθωτοί, Mietlinge.

17. αὐτοί, sie selbst, ohne daß ihnen das von ihren Mitbürgern zugestanden ist.
κλέπται. κλοπὴ δημοσίων χρημάτων ist Unterschlagung. H.
20. τὸ ἑκόντα ἐπὶ τὸ ἄρχειν ἰέναι, wie es die Tyrannen thun. Die allgemeine Meinung stimmt also mit dem Urteil der Guten überein.
21. τῆς ζημίας μεγίστη. Der Superlativ im Genus und Numerus dem partitiven Genitiv im Singular assimiliert.
22. αὐτὸς auf das beim Infinitiv ἄρχεσθαι vorschwebende indefinite Pronomen bezüglich.

ΠΟΛΙΤΕΙΑΣ α'. 53

ἔχοντες ἑαυτῶν βελτίοσιν ἐπιτρέψαι οὐδὲ ὁμοίοις. ἐπεὶ κινδυ- D
νεύει, πόλις ἀνδρῶν ἀγαθῶν εἰ γένοιτο, περιμάχητον ἂν εἶναι
τὸ μὴ ἄρχειν, ὥσπερ νυνὶ τὸ ἄρχειν, καὶ ἐνταῦθ' ἂν κατα-
φανὲς γενέσθαι, ὅτι τῷ ὄντι ἀληθινὸς ἄρχων οὐ πέφυκε τὸ
5 αὑτῷ συμφέρον σκοπεῖσθαι, ἀλλὰ τὸ τῷ ἀρχομένῳ· ὥστε πᾶς
ἂν ὁ γιγνώσκων τὸ ὠφελεῖσθαι μᾶλλον ἕλοιτο ὑπ' ἄλλου ἢ
ἄλλον ὠφελῶν πράγματα ἔχειν. τοῦτο μὲν οὖν ἔγωγε οὐδαμῇ
συγχωρῶ Θρασυμάχῳ, ὡς τὸ δίκαιόν ἐστιν τὸ τοῦ κρείττονος E
ξυμφέρον. ἀλλὰ τοῦτο μὲν δὴ καὶ εἰσαῦθις σκεψόμεθα· πολὺ
10 δέ μοι δοκεῖ μεῖζον εἶναι, ὃ νῦν λέγει Θρασύμαχος, τὸν τοῦ
ἀδίκου βίον φάσκων εἶναι κρείττω ἢ τὸν τοῦ δικαίου. σὺ οὖν
πότερον', ἦν δ' ἐγώ, 'ὦ Γλαύκων, αἱρεῖ καὶ ποτέρως ἀληθεστέ-
ρως δοκεῖ σοι λέγεσθαι;' 'τὸν τοῦ δικαίου ἔγωγ'', ἔφη, 'λυσι-
τελέστερον βίον εἶναι.' 'ἤκουσας', ἦν δ' ἐγώ, 'ὅσα ἄρτι Θρα- 348
15 σύμαχος ἀγαθὰ διῆλθεν τῷ τοῦ ἀδίκου; 'ἤκουσα', ἔφη, 'ἀλλ'
οὐ πείθομαι.' 'βούλει οὖν αὐτὸν πείθωμεν, ἂν δυνώμεθά πῃ
ἐξευρεῖν, ὡς οὐκ ἀληθῆ λέγει;' 'πῶς γὰρ οὐ βούλομαι;' ἦ δ'
ὅς. 'ἂν μὲν τοίνυν', ἦν δ' ἐγώ, 'ἀντικατατείναντες λέγωμεν
αὐτῷ λόγον παρὰ λόγον, ὅσα αὖ ἀγαθὰ ἔχει τὸ δίκαιον εἶναι,
20 καὶ αὖθις οὗτος, καὶ ἄλλον ἡμεῖς, ἀριθμεῖν δεήσει τἀγαθὰ καὶ
μετρεῖν, ὅσα ἑκάτεροι ἐν ἑκατέρῳ λέγομεν, καὶ ἤδη δικαστῶν B
τινῶν τῶν διακρινούντων δεησόμεθα· ἂν δὲ ὥσπερ ἄρτι ἀνομο-
λογούμενοι πρὸς ἀλλήλους σκοπῶμεν, ἅμα αὐτοί τε δικασταὶ
καὶ ῥήτορες ἐσόμεθα.' 'πάνυ μὲν οὖν', ἔφη. 'ὁποτέρως οὖν
25 σοι', ἦν δ' ἐγώ, 'ἀρέσκει;' 'οὕτως', ἔφη.
XX. 'Ἴθι δή', ἦν δ' ἐγώ, 'ὦ Θρασύμαχε, ἀπόκριναι ἡμῖν

---

1. ἐπιτρέψαι, nämlich τὸ ἄρχειν.
4. τῷ ὄντι mit οὐ πέφυκε zu verbinden.
9. ἀλλὰ τοῦτο — σκεψόμεθα, eine schonende Form die Sache für abgethan zu erklären. H. Denn der Satz des Thrasymachos kann nun als völlig widerlegt gelten.
14. ἄρτι: 343 D.
15. τῷ τοῦ ἀδίκου, nämlich βίῳ.
18. ἀντικατατείναντες λέγωμεν λόγον παρὰ λόγον, wenn wir eine ganze Rede einer ganzen Rede gegenüberstellen, wenn wir uns gegenseitig ganze Reden halten, offenbar gesagt mit Rücksicht auf den ausführlichen Vortrag des Thrasymachos in K. 16.
19. αὖ mit Rücksicht darauf, dafs Thrasymachos schon die Vorteile des Unrechtthuns auseinandergesetzt hatte.
20. οὗτος, nämlich λόγον λέγῃ.
22. ἀνομολογούμενοι πρὸς ἀλλήλους, Punkt für Punkt uns verständigend, die einzelnen Teile gegen einander abwägend. H.
24. ῥήτορες, Anwälte. H.
ὁποτέρως. Dabei schwebt vor: frage. ich, möchte ich hören.

ἐξ ἀρχῆς· τὴν τελέαν ἀδικίαν τελέας οὔσης δικαιοσύνης λυσιτελεστέραν φῂς εἶναι;' 'πάνυ μὲν οὖν καὶ φημί', ἔφη, 'καὶ δι' ἃ, εἴρηκα.' 'φέρε δὴ τὸ τοιόνδε περὶ αὐτῶν πῶς λέγεις; τὸ μέν που ἀρετὴν αὐτοῖν καλεῖς, τὸ δὲ κακίαν;' 'πῶς γὰρ οὔ;' 'οὐκοῦν τὴν μὲν δικαιοσύνην ἀρετήν, τὴν δὲ ἀδικίαν κακίαν;' 'εἰκός γ'', ἔφη, 'ὦ ἥδιστε, ἐπειδὴ καὶ λέγω ἀδικίαν μὲν λυσιτελεῖν, δικαιοσύνην δ' οὔ.' 'ἀλλὰ τί μήν;' 'τοὐναντίον', ἦ δ' ὅς. 'ἦ τὴν δικαιοσύνην κακίαν;' 'οὔκ, ἀλλὰ πάνυ γενναίαν εὐήθειαν.' 'τὴν ἀδικίαν ἄρα κακοήθειαν καλεῖς;' 'οὔκ, ἀλλ' εὐβουλίαν', ἔφη. 'ἦ καὶ φρόνιμοί σοι, ὦ Θρασύμαχε, δοκοῦσιν εἶναι καὶ ἀγαθοὶ οἱ ἄδικοι;' 'οἵ γε τελέως', ἔφη, 'οἷοί τε ἀδικεῖν, πόλεις τε καὶ ἔθνη δυνάμενοι ἀνθρώπων ὑφ' ἑαυτοὺς ποιεῖσθαι· σὺ δὲ οἴει με ἴσως τοὺς τὰ βαλλάντια ἀποτέμνοντας λέγειν. λυσιτελεῖ μὲν οὖν', ἦ δ' ὅς, 'καὶ τὰ τοιαῦτα, ἐάνπερ λανθάνῃ· ἔστι δὲ οὐκ ἄξια λόγου, ἀλλ' ἃ νῦν δὴ ἔλεγον.' 'τοῦτο μέντοι', ἔφην, 'οὐκ ἀγνοῶ ὅ τι βούλει λέγειν· ἀλλὰ τόδε ἐθαύμασα, εἰ ἐν ἀρετῆς καὶ σοφίας τιθεῖς μέρει τὴν ἀδικίαν, τὴν δὲ δικαιοσύνην ἐν τοῖς ἐναντίοις.' 'ἀλλὰ πάνυ οὕτω τίθημι.' 'τοῦτο', ἦν δ' ἐγώ, 'ἤδη στερεώτερον, ὦ ἑταῖρε, καὶ οὐκέτι ῥᾴδιον ἔχειν ὅ τί τις εἴπῃ. εἰ γὰρ λυσιτελεῖν μὲν τὴν ἀδικίαν ἐτίθεσο, κακίαν μέντοι ἢ αἰσχρὸν αὐτὸ ὡμολόγεις εἶναι, ὥσπερ ἄλλοι τινές, εἴχομεν ἄν τι λέγειν κατὰ τὰ νομιζόμενα λέγοντες· νῦν δὲ δῆλος εἶ ὅτι φήσεις αὐτὸ καὶ καλὸν καὶ ἰσχυρὸν εἶναι καὶ τἆλλα αὐτῷ πάντα προσθήσεις, ἃ ἡμεῖς τῷ δικαίῳ προσετίθεμεν, ἐπειδή γε καὶ

---

4. τὸ μὲν — τὸ δέ. Das Neutrum des Pronomens auf Feminina bezüglich, wie 348 E αὐτό.
6. εἰκός, vermutlich, ironisch, wie ἴσως 339 E.
ὦ ἥδιστε, du Schlaukopf, du Pfiffikus! Vgl. 337 E.
καί. S. zu 346 A.
10. εὐβουλίαν. Thrasymachos stellt sich also überhaupt nicht auf den Standpunkt des Sokrates, also nicht auf den ethischen. H.
φρόνιμοι — καὶ ἀγαθοί. Gleich darauf stellt Sokrates σοφία und ἀρετή zusammen. Er trennt also nicht das Gebiet des Guten von dem des Nützlichen.

11. τελέως. Vgl. 344 A flg. H.
12. ὑφ' ἑαυτοὺς ποιεῖσθαι. Dagegen heifst es 351 B ὑφ' ἑαυτῷ ἔχειν. Es bezeichnet also ὑπό mit dem Dativ den Zustand des Unterdrücktseins, mit dem Accusativ die Handlung des Unterdrückens.
20. εἴπῃ, der deliberative Konjunktiv in der dritten Person. S. zu Phaid. 115 C.
23. κατὰ τὰ νομιζόμενα, im Anschlufs an die gewöhnliche Anschauungsweise.
25. προσετίθεμεν, wir pflegten beizulegen, mit Rücksicht auf τὰ νομιζόμενα.

ἐν ἀρετῇ αὐτὸ καὶ σοφίᾳ ἐτόλμησας θεῖναι.' 'ἀληθέστατα', ἔφη, 'μαντεύει.' 'ἀλλ' οὐ μέντοι', ἦν δ' ἐγώ, 'ἀποκνητέον γε τῷ λόγῳ ἐπεξελθεῖν σκοπούμενον, ἕως ἄν σε ὑπολαμβάνω λέγειν ἅπερ διανοεῖ. ἐμοὶ γὰρ δοκεῖς σύ, ὦ Θρασύμαχε, ἀτεχνῶς νῦν 5 οὐ σκώπτειν, ἀλλὰ τὰ δοκοῦντα περὶ τῆς ἀληθείας λέγειν.' 'τί δέ σοι', ἔφη, 'τοῦτο διαφέρει, εἴτε μοι δοκεῖ εἴτε μή, ἀλλ' οὐ τὸν λόγον ἐλέγχεις;' 'οὐδέν', ἦν δ' ἐγώ. 'ἀλλὰ τόδε μοι πειρῶ B ἔτι πρὸς τούτοις ἀποκρίνασθαι· ὁ δίκαιος τοῦ δικαίου δοκεῖ τί σοι ἂν ἐθέλειν πλέον ἔχειν;' 'οὐδαμῶς', ἔφη· 'οὐ γὰρ ἂν 10 ἦν ἀστεῖος, ὥσπερ νῦν, καὶ εὐήθης.' 'τί δέ; τῆς δικαίας πράξεως;' 'οὐδὲ τῆς δικαίας', ἔφη. 'τοῦ δὲ ἀδίκου πότερον ἀξιοῖ ἂν πλεονεκτεῖν καὶ ἡγοῖτο δίκαιον εἶναι, ἢ οὐκ ἂν ἡγοῖτο δίκαιον;' 'ἡγοῖτ' ἄν', ἦ δ' ὅς, 'καὶ ἀξιοῖ, ἀλλ' οὐκ ἂν δύναιτο.' 'ἀλλ' οὐ τοῦτο', ἦν δ' ἐγώ, 'ἐρωτῶ, ἀλλ' εἰ τοῦ μὲν δικαίου 15 μὴ ἀξιοῖ πλέον ἔχειν μηδὲ βούλεται ὁ δίκαιος, τοῦ δὲ ἀδίκου;' C 'ἀλλ' οὕτως', ἔφη, 'ἔχει.' 'τί δὲ δὴ ὁ ἄδικος; ἆρα ἀξιοῖ τοῦ δικαίου πλεονεκτεῖν καὶ τῆς δικαίας πράξεως;' 'πῶς γὰρ οὔκ;' ἔφη, 'ὅς γε πάντων πλέον ἔχειν ἀξιοῖ.' 'οὐκοῦν καὶ ἀδίκου ἀνθρώπου τε καὶ πράξεως ὁ ἄδικος πλεονεκτήσει καὶ ἁμιλλή-20 σεται, ὡς ἁπάντων πλεῖστον αὐτὸς λάβῃ;' 'ἔστι ταῦτα.'

XXI. "Ὧδε δὴ λέγωμεν', ἔφην· 'ὁ δίκαιος τοῦ μὲν ὁμοίου οὐ πλεονεκτεῖ, τοῦ δὲ ἀνομοίου, ὁ δὲ ἄδικος τοῦ τε ὁμοί- D ου καὶ τοῦ ἀνομοίου.' 'ἄριστα', ἔφη, 'εἴρηκας.' 'ἔστιν δέ γε', ἔφην, 'φρόνιμός τε καὶ ἀγαθὸς ὁ ἄδικος, ὁ δὲ δίκαιος οὐδέ-

---

5. τί δέ σοι. Auf eine persönliche Überzeugung kommt es den Sophisten nicht so sehr an, als darauf, in der Verfechtung der Sätze, die sie aufstellen, Recht zu behalten.
6. ἀλλ' οὐ τὸν λ., und widerlegt nicht vielmehr das Gesagte?
8. ὁ δίκαιος, natürlich ebenso absolut gefaßt, wie 349 E der μουσικός.
9. οὐ γὰρ ἂν ἦν, denn im anderen Falle, denn sonst. Sauppe zu Prot. 348 D.
10. τῆς δικαίας πράξεως. Will denn der Gerechte vor dem gerechten Handeln des anderen etwas voraushaben? τῆς δικαίας πράξεως ist eine den Begriff näher bestimmende Ausführung von τοῦ δικαίου. Die πρᾶξις ist die Bewährung der ἐπιστήμη des δίκαιος.
11. ἀξιοῖ ἂν tritt hier an die Stelle des vorhergehenden ἐθέλειν ἄν.
15. τοῦ δὲ ἀδίκου, nämlich ἀξιοῖ πλέον ἔχειν. Ebenso 354 A ἀλλὰ μὴν ἄθλιόν γε εἶναι οὐ λυσιτελεῖ, εὐδαίμονα δέ.
21. ὧδε δὴ λέγωμεν. Damit wird das Ergebnis der vorhergehenden Untersuchung zusammengefaßt.
22. ὁ δὲ ἄδικος. δὲ ohne vorhergehendes μὲν auch im folgenden.
24. οὐδέτερα: οὔτε φρόνιμος οὔτε

τερα.' 'καὶ τοῦτ'', ἔφη, 'εὖ.' 'οὐκοῦν', ἦν δ' ἐγώ, 'καὶ ἔοικε τῷ φρονίμῳ καὶ τῷ ἀγαθῷ ὁ ἄδικος, ὁ δὲ δίκαιος οὐκ ἔοικεν;' 'πῶς γὰρ οὐ μέλλει', ἔφη, 'ὁ τοιοῦτος ὢν καὶ ἐοικέναι τοῖς τοιούτοις, ὁ δὲ μὴ μὴ ἐοικέναι;' 'καλῶς. τοιοῦτος ἄρα ἐστὶν ἑκάτερος αὐτῶν οἷσπερ ἔοικεν.' 'ἀλλὰ τί μέλλει;' ἔφη. E 'εἶεν, ὦ Θρασύμαχε· μουσικὸν δέ τινα λέγεις, ἕτερον δὲ ἄμουσον;' 'ἔγωγε.' 'πότερον φρόνιμον καὶ πότερον ἄφρονα;' 'τὸν μὲν μουσικὸν δήπου φρόνιμον, τὸν δὲ ἄμουσον ἄφρονα.' 'οὐκοῦν καὶ ἅπερ φρόνιμον, ἀγαθόν, ἃ δὲ ἄφρονα, κακόν;' 'ναί.' 'τί δὲ ἰατρικόν; οὐχ οὕτως;' 'οὕτως.' 'δοκεῖ ἂν οὖν τίς 10 σοι, ὦ ἄριστε, μουσικὸς ἀνὴρ ἁρμοττόμενος λύραν ἐθέλειν μουσικοῦ ἀνδρὸς ἐν τῇ ἐπιτάσει καὶ ἀνέσει τῶν χορδῶν πλεονεκτεῖν ἢ ἀξιοῦν πλέον ἔχειν;' 'οὐκ ἔμοιγε.' 'τί δέ; ἀμούσου;' 350 'ἀνάγκη', ἔφη. 'τί δὲ ἰατρικός; ἐν τῇ ἐδωδῇ ἢ πόσει ἐθέλειν ἄν τι ἰατρικοῦ πλεονεκτεῖν ἢ ἀνδρὸς ἢ πράγματος;' 15 'οὐ δῆτα.' 'μὴ ἰατρικοῦ δέ;' 'ναί.' 'περὶ πάσης δὲ ὅρα ἐπιστήμης τε καὶ ἀνεπιστημοσύνης, εἴ τίς σοι δοκεῖ ἐπιστήμων ὁστισοῦν πλείω ἂν ἐθέλειν αἱρεῖσθαι ἢ ὅσα ἄλλος ἐπιστήμων ἢ πράττειν ἢ λέγειν, καὶ οὐ ταὐτὰ τῷ ὁμοίῳ ἑαυτῷ

ἀγαθός. 354 A ἀλλὰ μὴν ὅ γε εὖ ζῶν μακάριός τε καὶ εὐδαίμων, ὁ δὲ μὴ τἀναντία.
3. ὁ τοιοῦτος ὢν καὶ ἐοικέναι. Die Prädikate φρόνιμος καὶ ἀγαθός können vielen beigelegt werden. Infolgedessen haben die, bei denen das möglich ist, ein Gemeinsames, ohne identisch zu sein; sie sind sich ähnlich. So hat der δίκαιος etwas Gemeinsames mit dem μουσικός und ἰατρός. Jedem kommt auf seinem Gebiete ἐπιστήμη zu.
4. τοιοῦτος — οἷσπερ — οἷοι οὗτοι, οἷσπερ. Das Relativum ohne Ergänzung mit τοιοῦτος verbunden. 350 C ὁμολογοῦμεν, ᾧ γε ὅμοιος ἑκάτερος εἴη, τοιοῦτον καὶ ἑκάτερον εἶναι.
5. ἀλλὰ τί μέλλει; Aber was denn sonst? Eine Form der bejahenden Antwort.
6. μουσικόν. Der μουσικός und ἰατρικός können insofern mit dem δίκαιος zusammengestellt werden,

als allen diesen ἐπιστήμη und πρᾶξις zukommt.
7. φρόνιμος oder σοφός ist er, insofern er ἐπιστήμη in seinem Fache hat, ἀγαθός, insofern er dieselbe in der πρᾶξις bewährt.
11. μουσικός, wie ἰατρικός ideal gefalst. In Wirklichkeit giebt es unter ihnen Gradunterschiede. H.
12. πλεονεκτεῖν — ἢ πλέον ἔχειν, etwas voraushaben oder etwas Besseres sein.
14. ἐν τῇ ἐδωδῇ ἢ πόσει, natürlich in der Verordnung von Speise und Trank. 332 C war die ἰατρικη ἐρκλärt als ἡ σώμασιν φάρμακά τε καὶ σιτία καὶ ποτὰ ἀποδιδοῦσα τέχνη.
15. ἢ πράγματος oder seiner Verrichtung.
18. ἐθέλειν αἱρεῖσθαι. Fülle des Ausdrucks; eins von beiden Verben wäre genügend gewesen.
19. ἐπιστήμων der allgemeine Begriff, unter den der μουσικός und ἰατρικός fällt.

εἰς τὴν αὐτὴν πρᾶξιν.' 'ἀλλ' ἴσως', ἔφη, 'ἀνάγκη τοῦτό γε οὕτως ἔχειν.' 'τί δὲ ὁ ἀνεπιστήμων; οὐχὶ ὁμοίως μὲν ἐπιστήμονος πλεονεκτήσειεν ἄν, ὁμοίως δὲ ἀνεπιστήμονος;' 'ἴσως.' Β 'ὁ δὲ ἐπιστήμων σοφός;' 'φημί.' 'ὁ δὲ σοφὸς ἀγαθός;' 'φημί.' 'ὁ ἄρα ἀγαθός τε καὶ σοφὸς τοῦ μὲν ὁμοίου οὐκ ἐθελήσει πλεονεκτεῖν, τοῦ δὲ ἀνομοίου τε καὶ ἐναντίου.' 'ἔοικεν', ἔφη. 'ὁ δὲ κακός τε καὶ ἀμαθὴς τοῦ τε ὁμοίου καὶ τοῦ ἐναντίου.' 'φαίνεται.' 'οὐκοῦν, ὦ Θρασύμαχε', ἦν δ' ἐγώ, 'ὁ ἄδικος ἡμῖν τοῦ ἀνομοίου τε καὶ ὁμοίου πλεονεκτεῖ; ἢ οὐχ οὕτως ἔλεγες;' 'ἔγωγε', ἔφη. 'ὁ δέ γε δίκαιος τοῦ μὲν ὁμοίου οὐ πλεονεκτή- C σει, τοῦ δὲ ἀνομοίου;' 'ναί.' 'ἔοικεν ἄρα', ἦν δ' ἐγώ, 'ὁ μὲν δίκαιος τῷ σοφῷ καὶ ἀγαθῷ, ὁ δὲ ἄδικος τῷ κακῷ καὶ ἀμαθεῖ.' 'κινδυνεύει.' 'ἀλλὰ μὴν ὡμολογοῦμεν, ᾧ γε ὅμοιος ἑκάτερος εἴη, τοιοῦτον καὶ ἑκάτερον εἶναι.' 'ὡμολογοῦμεν γάρ.' 'ὁ μὲν ἄρα δίκαιος ἡμῖν ἀναπέφανται ὢν ἀγαθός τε καὶ σοφός, ὁ δὲ ἄδικος ἀμαθής τε καὶ κακός.'

XXII. Ὁ δὲ Θρασύμαχος ὡμολόγησε μὲν πάντα ταῦτα, οὐχ ὡς ἐγὼ νῦν ῥᾳδίως λέγω, ἀλλ' ἑλκόμενος καὶ μόγις, μετὰ D ἱδρῶτος θαυμαστοῦ ὅσου, ἅτε καὶ θέρους ὄντος· τότε καὶ εἶδον ἐγώ, πρότερον δὲ οὔπω, Θρασύμαχον ἐρυθριῶντα· ἐπειδὴ δὲ οὖν διωμολογησάμεθα τὴν δικαιοσύνην ἀρετὴν εἶναι καὶ σοφίαν, τὴν δὲ ἀδικίαν κακίαν τε καὶ ἀμαθίαν· 'εἶεν', ἦν δ' ἐγώ, 'τοῦτο μὲν ἡμῖν οὕτω κείσθω, ἔφαμεν δὲ δὴ καὶ ἰσχυρὸν εἶναι τὴν ἀδικίαν· ἢ οὐ μέμνησαι, ὦ Θρασύμαχε;' 'μέμνημαι', ἔφη· 'ἀλλ' ἔμοιγε οὐδὲ ἃ νῦν λέγεις ἀρέσκει, καὶ ἔχω περὶ αὐτῶν λέγειν. εἰ οὖν λέγοιμι, εὖ οἶδ' ὅτι δημηγορεῖν ἄν με Ε φαίης· ἢ οὖν ἔα με εἰπεῖν ὅσα βούλομαι, ἤ, εἰ βούλει ἐρωτᾶν, ἐρώτα· ἐγὼ δέ σοι, ὥσπερ ταῖς γραυσὶν ταῖς τοὺς

8. ἡμῖν. S. zu 334 E.
17. ὡμολόγησε μέν. Das entsprechende Glied fehlt. Was man erwartet, nämlich dafs Thrasymachos dieses Zugeständnis widerwillig machte, ist in einer Art Parenthese οὐχ ὡς ἐγὼ — Θρασύμαχον ἐρυθριῶντα angefügt. Hiernach nimmt der Satz ἐπειδὴ δὲ οὖν διωμολογησάμεθα den ersten Gedanken wieder auf (οὖν) und führt ihn weiter (δέ).
19. θαυμαστοῦ ὅσου. Zu 331 A.
23. ἔφαμεν: 344 C, 348 E flg.

26. λέγειν, eine längere Rede halten. Gegensatz διαλέγεσθαι.
δημηγορεῖν. Volksredner sprechen in der Regel lang und sind in der Wahl der Mittel, sich den Beifall der Menge zu erringen, nicht skrupulös.
28. ταῖς γραυσίν. Ähnlich schon 336 B φλυαρία und D ὕθλος.
τοὺς μύθους, Geschichten, Märchen, wie man sie Kindern erzählt. Staatsmann 268 E τῷ μύθῳ μου πάνυ πρόσεχε τὸν νοῦν, καθάπερ οἱ παῖδες.

μύθους λεγούσαις, εἶεν ἐρῶ καὶ κατανεύσομαι καὶ ἀνανεύσομαι.' 'μηδαμῶς', ἦν δ' ἐγώ, 'παρά γε τὴν σαυτοῦ δόξαν.' 'ὥστε σοι', ἔφη, 'ἀρέσκειν, ἐπειδήπερ οὐκ ἐᾷς λέγειν. καίτοι τί ἄλλο βούλει;' 'οὐδὲν μὰ Δία', ἦν δ' ἐγώ, 'ἀλλ' εἴπερ τοῦτο ποιήσεις, ποίει· ἐγὼ δὲ ἐρωτήσω.' 'ἐρώτα δή.' 'τοῦτο τοίνυν 361 ἐρωτῶ, ὅπερ ἄρτι, ἵνα καὶ ἑξῆς διασκεψώμεθα τὸν λόγον, ὁποῖόν τι τυγχάνει ὂν δικαιοσύνη πρὸς ἀδικίαν. ἐλέχθη γάρ που, ὅτι καὶ δυνατώτερον καὶ ἰσχυρότερον εἴη ἀδικία δικαιοσύνης· νῦν δέ γ᾽', ἔφην, 'εἴπερ σοφία τε καὶ ἀρετή ἐστιν δικαιοσύνη, ῥᾳδίως, οἶμαι, φανήσεται καὶ ἰσχυρότερον ἀδικίας, 10 ἐπειδήπερ ἐστὶν ἀμαθία ἡ ἀδικία. οὐδεὶς ἂν ἔτι τοῦτο ἀγνοήσειεν. ἀλλ' οὔτι οὕτως ἁπλῶς, ὦ Θρασύμαχε, ἔγωγε ἐπιθυμῶ, B ἀλλὰ τῇδέ πῃ σκέψασθαι· πόλιν φαίης ἂν ἄδικον εἶναι καὶ ἄλλας πόλεις ἐπιχειρεῖν δουλοῦσθαι ἀδίκως καὶ καταδεδουλῶσθαι, πολλὰς δὲ καὶ ὑφ' ἑαυτῇ ἔχειν δουλωσαμένην;' 'πῶς 15 γὰρ οὔκ;' ἔφη· 'καὶ τοῦτό γε ἡ ἀρίστη μάλιστα ποιήσει καὶ τελεώτατα οὖσα ἄδικος.' 'μανθάνω', ἔφην, 'ὅτι σὸς οὗτος ἦν ὁ λόγος· ἀλλὰ τόδε περὶ αὐτοῦ σκοπῶ· πότερον ἡ κρείττων γιγνομένη πόλις πόλεως ἄνευ δικαιοσύνης τὴν δύναμιν ταύτην ἕξει, ἢ ἀνάγκη αὐτῇ μετὰ δικαιοσύνης;' 'εἰ μέν', ἔφη, 'ὡς σὺ 20 C ἄρτι ἔλεγες, ἔχει, ἡ δικαιοσύνη σοφία, μετὰ δικαιοσύνης· εἰ δ', ὡς ἐγὼ ἔλεγον, μετὰ ἀδικίας.' 'πάνυ ἄγαμαι', ἦν δ' ἐγώ, 'ὦ Θρασύμαχε, ὅτι οὐκ ἐπινεύεις μόνον καὶ ἀνανεύεις, ἀλλὰ καὶ ἀποκρίνει πάνυ καλῶς.' 'σοὶ γάρ', ἔφη, 'χαρίζομαι.'

---

1. εἶεν ἐρῶ. Thrasymachos will auch gegen seine Überzeugung, lediglich aus Gefälligkeit, Ja und Nein sagen, ganz wie es Sokrates haben will, damit dieser seine angefangene Gedankenreihe bis zu Ende fortspinnen kann. Er protestiert also hiermit dagegen, dafs sein Verhalten als wirkliche Zustimmung aufgefafst werde.
6. ἵνα καί. Zu 346 A.
12. οὕτως ἁπλῶς, indem ich die Sache als blofse Konsequenz aus dem Vorhergehenden hinstelle. H.
13. φαίης ἄν. Diese Annahme dürfte deiner Anschauungsweise entsprechen.
ἄδικον εἶναι καὶ ἄλλας. Die Eigenschaft und was sich aus ihr ergiebt, werden nebeneinandergestellt. Ebenso 345 A. H.
14. ἐπιχειρεῖν δουλοῦσθαι — καὶ καταδεδουλῶσθαι, πολλὰς δὲ καὶ — ἔχειν δουλωσαμένην. Dreimal wird dasselbe Verb mit grofsem Nachdruck wiederholt. Drei Momente werden auseinandergehalten, der Versuch der Unterwerfung, der Erfolg derselben und der weite Umfang des dadurch erworbenen Gebietes.
17. τελεώτατα οὖσα ἄδικος: 344 A.
ἦν: Kap. 16.
22. ὡς ἐγὼ ἔλεγον: 348 C D.
24. χαρίζομαι. Dieses χαρίζεσθαι findet seinen Ausdruck in der Form der Antworten des Thrasymachos, insofern sie im Imperativ erfolgen,

ΠΟΛΙΤΕΙΑΣ α'.

XXIII. 'Εὖ γε σὺ ποιῶν· ἀλλὰ δὴ καὶ τόδε μοι χάρισαι καὶ λέγε· δοκεῖς ἂν ἢ πόλιν ἢ στρατόπεδον ἢ λῃστὰς ἢ κλέπτας ἢ ἄλλο τι ἔθνος, ὅσα κοινῇ ἐπί τι ἔρχεται ἀδίκως, πρᾶξαι ἄν τι δύνασθαι, εἰ ἀδικοῖεν ἀλλήλους;' 'οὐ δῆτα', ἦ D δ' ὅς. 'τί δ' εἰ μὴ ἀδικοῖεν; οὐ μᾶλλον;' 'πάνυ γε.' 'στάσεις γάρ που, ὦ Θρασύμαχε, ἥ γε ἀδικία καὶ μίση καὶ μάχας ἐν ἀλλήλοις παρέχει, ἡ δὲ δικαιοσύνη ὁμόνοιαν καὶ φιλίαν· ἦ γάρ;' 'ἔστω', ἦ δ' ὅς, 'ἵνα σοι μὴ διαφέρωμαι.' 'ἀλλ' εὖ γε σὺ ποιῶν, ὦ ἄριστε. τόδε δέ μοι λέγε· ἆρα εἰ τοῦτο ἔργον 10 ἀδικίας, μῖσος ἐμποιεῖν ὅπου ἂν ἐνῇ, οὐ καὶ ἐν ἐλευθέροις τε καὶ δούλοις ἐγγιγνομένη μισεῖν ποιήσει ἀλλήλους καὶ στασιάζειν καὶ ἀδυνάτους εἶναι κοινῇ μετ' ἀλλήλων πράττειν;' 'πάνυ γε.' E 'τί δέ, ἂν ἐν δυοῖν ἐγγένηται; οὐ διοίσονται καὶ μισήσουσιν καὶ ἐχθροὶ ἔσονται ἀλλήλοις τε καὶ τοῖς δικαίοις;' 'ἔσονται', ἔφη. 15 'ἐὰν δὲ δή, ὦ θαυμάσιε, ἐν ἑνὶ ἐγγένηται ἀδικία, μῶν μὴ ἀπολεῖ τὴν αὐτῆς δύναμιν, ἢ οὐδὲν ἧττον ἕξει;' 'μηδὲν ἧττον ἐχέτω', ἔφη. 'οὐκοῦν τοιάνδε τινὰ φαίνεται ἔχουσα τὴν δύναμιν, οἵαν, ᾧ ἂν ἐγγένηται, εἴτε πόλει τινὶ εἴτε γένει εἴτε στρατοπέδῳ εἴτε ἄλλῳ ὁτῳοῦν, πρῶτον μὲν ἀδύνατον αὐτὸ ποιεῖν πράττειν μεθ' 352 20 αὑτοῦ διὰ τὸ στασιάζειν καὶ διαφέρεσθαι, ἔτι δ' ἐχθρὸν εἶναι ἑαυτῷ τε καὶ τῷ ἐναντίῳ παντὶ καὶ τῷ δικαίῳ; οὐχ οὕτως;' 'πάνυ γε.' 'καὶ ἐν ἑνὶ δή, οἶμαι, ἐνοῦσα ταῦτα πάντα ποιήσει, ἅπερ πέφυκεν ἐργάζεσθαι· πρῶτον μὲν ἀδύνατον αὐτὸν πράττειν ποιήσει στασιάζοντα καὶ οὐχ ὁμονοοῦντα αὐτὸν ἑαυτῷ, 25 ἔπειτα ἐχθρὸν καὶ ἑαυτῷ καὶ τοῖς δικαίοις· ἦ γάρ;' 'ναί.' 'δίκαιοι δέ γ' εἰσίν, ὦ φίλε, καὶ οἱ θεοί;' 'ἔστωσαν', ἔφη. 'καὶ B θεοῖς ἄρα ἐχθρὸς ἔσται ὁ ἄδικος, ὦ Θρασύμαχε, ὁ δὲ δίκαιος φίλος.' 'εὐωχοῦ τοῦ λόγου', ἔφη, 'θαρρῶν· οὐ γὰρ ἔγωγέ

also bloſse Zugeständnisse ausdrücken, nicht volle Zustimmung.
351 D ἔστω (dagegen 349 C ἔστι ταῦτα), E μηδὲν ἧττον ἐχέτω, 352 B ἔστωσαν.
1. εὖ γε σὺ ποιῶν. Diese häufig vorkommende Form der Anerkennung entspricht manchmal unserem Deutschen: ich danke schön.
3. ἔθνος, wie natio, eine durch gewisse Eigentümlichkeiten zusammengehörige Klasse von Menschen.
5. οὐ μᾶλλον, würde es dann nicht eher geschehen, nicht eher möglich sein? H.
15. μῶν μή, doch nicht.
17. οἷαν. S. zu 334 D.
19. μεθ' αὑτοῦ gleichbedeutend mit dem folgenden ὁμονοοῦντα αὐτὸν ἑαυτῷ.
21. καὶ τῷ δικαίῳ dem allgemeinen τῷ ἐναντίῳ παντὶ ausdrücklich angefügt, weil es seinem Wesen nach einen besonderen Gegensatz zur ἀδικία bildet.
28. εὐωχοῦ τοῦ λόγου, thu dir

σοι ἐναντιώσομαι, ἵνα μὴ τοῖσδε ἀπέχθωμαι.' 'ἴθι δή', ἦν δ' ἐγώ, 'καὶ τὰ λοιπά μοι τῆς ἑστιάσεως ἀποπλήρωσον ἀποκρινόμενος ὥσπερ καὶ νῦν. ὅτι μὲν γὰρ καὶ σοφώτεροι καὶ ἀμείνους καὶ δυνατώτεροι πράττειν οἱ δίκαιοι φαίνονται, οἱ δὲ ἄδικοι οὐδὲν πράττειν μετ' ἀλλήλων οἷοί τε — ἀλλὰ δὴ καὶ 5
C οὕς φαμεν ἐρρωμένως πώποτέ τι μετ' ἀλλήλων κοινῇ πρᾶξαι ἀδίκους ὄντας, τοῦτο οὐ παντάπασιν ἀληθὲς λέγομεν· οὐ γὰρ ἂν ἀπείχοντο ἀλλήλων κομιδῇ ὄντες ἄδικοι, ἀλλὰ δῆλον ὅτι ἐνῆν τις αὐτοῖς δικαιοσύνη, ἣ αὐτοὺς ἐποίει μήτοι καὶ ἀλλήλους γε καὶ ἐφ' οὓς ᾖεσαν ἅμα ἀδικεῖν, δι' ἣν ἔπραξαν ἃ 10 ἔπραξαν, ὥρμησαν δὲ ἐπὶ τὰ ἄδικα ἀδικίᾳ ἡμιμόχθηροι ὄντες, ἐπεὶ
D οἵ γε παμπόνηροι καὶ τελέως ἄδικοι τελέως εἰσὶ καὶ πράττειν ἀδύνατοι —, ταῦτα μὲν οὖν ὅτι οὕτως ἔχει, μανθάνω, ἀλλ' οὐχ ὡς σὺ τὸ πρῶτον ἐτίθεσο. εἰ δὲ καὶ ἄμεινον ζῶσιν οἱ δίκαιοι τῶν ἀδίκων καὶ εὐδαιμονέστεροί εἰσιν, ὅπερ τὸ ὕστερον 15 προὐθέμεθα σκέψασθαι, σκεπτέον. φαίνονται μὲν οὖν καὶ νῦν, ὥς γέ μοι δοκεῖ, ἐξ ὧν εἰρήκαμεν· ὅμως δ' ἔτι βέλτιον σκεπτέον. οὐ γὰρ περὶ τοῦ ἐπιτυχόντος ὁ λόγος, ἀλλὰ περὶ τοῦ ὅντινα τρόπον χρὴ ζῆν.' 'σκόπει δή', ἔφη. 'σκοπῶ', ἦν δ' ἐγώ· 'καί μοι λέγε· δοκεῖ τί σοι εἶναι ἵππου ἔργον;' 20
E 'ἔμοιγε.' 'ἆρ' οὖν τοῦτο ἂν θείης καὶ ἵππου καὶ ἄλλου ὁτουοῦν ἔργον, ὃ ἂν ἢ μόνῳ ἐκείνῳ ποιῇ τις ἢ ἄριστα;' 'οὐ μανθάνω', ἔφη. 'ἀλλ' ὧδε· ἔσθ' ὅτῳ ἂν ἄλλῳ ἴδοις ἢ ὀφθαλμοῖς;' 'οὐ δῆτα.' 'τί δέ; ἀκούσαις ἄλλῳ ἢ ὠσίν;' 'οὐδαμῶς.' 'οὐκοῦν δικαίως ἂν ταῦτα τούτων φαῖμεν ἔργα εἶναι;' 'πάνυ γε.' 'τί δέ; 25
353 μαχαίρᾳ ἂν ἀμπέλου κλῆμα ἀποτέμοις καὶ σμίλῃ καὶ ἄλλοις πολλοῖς;' 'πῶς γὰρ οὔ;' 'ἀλλ' οὐδενί γ' ἄν, οἶμαι, οὕτω καλῶς,

---

eine Güte mit deiner Rede. Reden werden oft mit Schmäusen verglichen. 354 A.
1. τοῖσδε. Polemarchos hatte sich 340 A, Glaukon 348 A auf die Seite des Sokrates geschlagen.
3. ὅτι μὲν — οἷοί τε wird durch ταῦτα μὲν οὖν ὅτι οὕτως ἔχει wieder aufgenommen und hängt wie dieser Satz von μανθάνω ab. H.
5. ἀλλὰ δὴ καὶ — 12. πράττειν ἀδύνατοι enthält eine beiläufige Widerlegung eines im gewöhnlichen Leben vorkommenden, ungenauen Ausdruckes und eines daraus sich vielleicht ergebenden Einwandes. H.
6. οὕς φαμεν — τοῦτο. Anakoluth. Man erwartet entweder οὓς φαμεν — τούτους οὐ παντάπασιν ἀληθῶς λέγομεν ἀδίκους oder τὸ φάναι τινὰς — τοῦτο.
9. τίς — δικαιοσύνη, ein Rest von Gerechtigkeit.
18. περὶ τοῦ ὅντινα. Zu 327 C.
20. ἔργον. Zu 335 D.
24. ἀκούσαις. ἂν ergänzt sich leicht aus dem vorhergehenden entsprechenden Gliede.

ΠΟΛΙΤΕΙΑΣ α'.

ὡς δρεπάνῳ τῷ ἐπὶ τοῦτο ἐργασθέντι.' 'ἀληθῆ.' 'ἆρ' οὖν οὐ τοῦτο τούτου ἔργον θήσομεν;' 'θήσομεν μὲν οὖν.'

XXIV. 'Νῦν δή, οἶμαι, ἄμεινον ἂν μάθοις ὃ ἄρτι ἠρώτων πυνθανόμενος, εἰ οὐ τοῦτο ἑκάστου εἴη ἔργον, ὃ ἂν ἢ μόνον τι ἢ κάλλιστα τῶν ἄλλων ἀπεργάζηται.' 'ἀλλά', ἔφη, 'μανθάνω τε καί μοι δοκεῖ τοῦτο ἑκάστου πράγματος ἔργον B εἶναι.' 'εἶεν', ἦν δ' ἐγώ· 'οὐκοῦν καὶ ἀρετὴ δοκεῖ σοι εἶναι ἑκάστῳ, ᾧπερ καὶ ἔργον τι προστέτακται; ἴωμεν δὲ ἐπὶ τὰ αὐτὰ πάλιν. ὀφθαλμῶν, φαμέν, ἔστιν ἔργον;' 'ἔστιν.' 'ἆρ' οὖν καὶ ἀρετὴ ὀφθαλμῶν ἔστιν;' 'καὶ ἀρετή.' 'τί δέ; ὤτων ἦν τι ἔργον;' 'ναί.' 'οὐκοῦν καὶ ἀρετή;' 'καὶ ἀρετή.' 'τί δὲ πάντων πέρι τῶν ἄλλων; οὐχ οὕτω;' 'οὕτω.' 'ἔχε δή· ἆρ' ἄν ποτε ὄμματα τὸ αὐτῶν ἔργον καλῶς ἀπεργάσαιντο μὴ ἔχοντα τὴν αὐτῶν οἰκείαν ἀρετήν, ἀλλ' ἀντὶ τῆς ἀρετῆς κακίαν;' 'καὶ πῶς C ἄν;' ἔφη· 'τυφλότητα γὰρ ἴσως λέγεις ἀντὶ τῆς ὄψεως.' 'ἥτις', ἦν δ' ἐγώ, 'αὐτῶν ἡ ἀρετή· οὐ γάρ πω τοῦτο ἐρωτῶ, ἀλλ' εἰ τῇ οἰκείᾳ μὲν ἀρετῇ τὸ αὐτῶν ἔργον εὖ ἐργάσεται τὰ ἐργαζόμενα, κακίᾳ δὲ κακῶς.' 'ἀληθές', ἔφη, 'τοῦτό γε λέγεις.' 'οὐκοῦν καὶ ὦτα στερόμενα τῆς αὑτῶν ἀρετῆς κακῶς τὸ αὑτῶν ἔργον ἀπεργάσεται;' 'πάνυ γε.' 'τίθεμεν οὖν καὶ τἆλλα πάντα εἰς τὸν αὐτὸν λόγον;' 'ἔμοιγε δοκεῖ.' 'ἴθι δή, μετὰ ταῦτα τόδε D σκέψαι· ψυχῆς ἔστιν τι ἔργον, ὃ ἄλλῳ τῶν ὄντων οὐδ' ἂν ἑνὶ πράξαις, οἷον τὸ τοιόνδε· τὸ ἐπιμελεῖσθαι καὶ ἄρχειν καὶ

---

3. νῦν δή, nunc igitur.
7. ἀρετή. Die der Bestimmung oder Aufgabe (ἔργον) eines jeden Wesens entsprechende ἀρετή ist die Kraft oder Fähigkeit diese Bestimmung ins Werk zu setzen, die Eigenschaft, welche die notwendige Voraussetzung zur Erfüllung der ihm gestellten Aufgabe bildet. So bezeichnet Platon 342 A die ὄψις als die ἀρετή der Augen, die ἀκοή als die ἀρετή der Ohren, so spricht er 335 D von der ἀρετή τῶν κυνῶν. Der ὄψις wird 353 C die τυφλότης, die Unfähigkeit zu sehen, entgegengesetzt. Dagegen ist das ἔργον der Augen das Sehen selbst (ὁρᾶν), das der Ohren das Hören selbst (ἀκούειν).
10. ἦν. Das Imperfekt mit Rücksicht auf das, was eben festgestellt war.
12. ἔχε δή, halt!, will die Aufmerksamkeit auf einen wichtigen Punkt lenken.
ὄμματα — ἀπεργάσαιντο. Das Verb im Plural nach dem Neutrum im Plural ist bei Platon selten. Hier erklärt es sich wohl dadurch, dafs bei dem Begriff Augen der Plural naturgemäfs vorschwebt.
15. ἥτις — αὐτῶν ἡ ἀρετή, was nur immer ihre Fähigkeit ist. Die nähere Bezeichnung derselben ist gleichgiltig.
20. τιθέναι εἰς τὸν αὐτὸν λόγον, unter denselben Gesichtspunkt stellen.
22. ἄλλῳ — οὐδ' ἂν ἑνί, schlechterdings mit keinem andern.

βουλεύεσθαι καὶ τὰ τοιαῦτα πάντα, ἔσθ' ὅτῳ ἄλλῳ ἢ ψυχῇ δικαίως ἂν αὐτὰ ἀποδοῖμεν καὶ φαῖμεν ἴδια ἐκείνης εἶναι;' 'οὐδενὶ ἄλλῳ.' 'τί δ' αὖ τὸ ζῆν; ψυχῆς φήσομεν ἔργον εἶναι;' 'μάλιστά γ'', ἔφη. 'οὐκοῦν καὶ ἀρετήν φαμέν τινα ψυχῆς εἶναι;' E 'φαμέν.' 'ἆρ' οὖν ποτέ, ὦ Θρασύμαχε, ψυχὴ τὰ αὑτῆς ἔργα 5 εὖ ἀπεργάσεται στερομένη τῆς οἰκείας ἀρετῆς, ἢ ἀδύνατον;' 'ἀδύνατον.' 'ἀνάγκη ἄρα κακῇ ψυχῇ κακῶς ἄρχειν καὶ ἐπιμελεῖσθαι, τῇ δὲ ἀγαθῇ πάντα ταῦτα εὖ πράττειν.' 'ἀνάγκη.' 'οὐκοῦν ἀρετήν γε συνεχωρήσαμεν ψυχῆς εἶναι δικαιοσύνην, κακίαν δὲ ἀδικίαν;' 'συνεχωρήσαμεν γάρ.' 'ἡ μὲν ἄρα δικαία 10 ψυχὴ καὶ ὁ δίκαιος ἀνὴρ εὖ βιώσεται, κακῶς δὲ ὁ ἄδικος.' 354 'φαίνεται', ἔφη, 'κατὰ τὸν σὸν λόγον.' 'ἀλλὰ μὴν ὅ γε εὖ ζῶν μακάριός τε καὶ εὐδαίμων, ὁ δὲ μὴ τἀναντία.' 'πῶς γὰρ οὔ;' 'ὁ μὲν δίκαιος ἄρα εὐδαίμων, ὁ δ' ἄδικος ἄθλιος.' 'ἔστωσαν', ἔφη. 'ἀλλὰ μὴν ἄθλιόν γε εἶναι οὐ λυσιτελεῖ, εὐδαίμονα δέ.' 15 'πῶς γὰρ οὔ;' 'οὐδέποτ' ἄρα, ὦ μακάριε Θρασύμαχε, λυσιτελέστερον ἀδικία δικαιοσύνης.' 'ταῦτα δή σοι', ἔφη, 'ὦ Σώκρατες, εἱστιάσθω ἐν τοῖς Βενδιδείοις.' 'ὑπὸ σοῦ γε', ἦν δ' ἐγώ, 'ὦ Θρασύμαχε, ἐπειδή μοι πρᾷος ἐγένου καὶ χαλεπαίνων ἐπαύσω. B οὐ μέντοι καλῶς γε εἱστίαμαι, δι' ἐμαυτόν, ἀλλ' οὐ διὰ σέ· 20 ἀλλ' ὥσπερ οἱ λίχνοι τοῦ αἰεὶ παραφερομένου ἀπογεύονται ἁρπάζοντες, πρὶν τοῦ προτέρου μετρίως ἀπολαῦσαι, καὶ ἐγώ μοι δοκῶ οὕτω, πρὶν ὃ τὸ πρῶτον ἐσκοποῦμεν εὑρεῖν, τὸ δίκαιον ὅ τί ποτ' ἐστίν, ἀφέμενος ἐκείνου ὁρμῆσαι ἐπὶ τὸ σκέψασθαι περὶ αὐτοῦ, εἴτε κακία ἐστὶν καὶ ἀμαθία εἴτε σοφία 25 καὶ ἀρετή, καὶ ἐμπεσόντος αὖ ὕστερον λόγου, ὅτι λυσιτελέστερον ἡ ἀδικία τῆς δικαιοσύνης, οὐκ ἀπεσχόμην τὸ μὴ οὐκ ἐπὶ C τοῦτο ἐλθεῖν ἀπ' ἐκείνου, ὥστε μοι νυνὶ γέγονεν ἐκ τοῦ διαλόγου μηδὲν εἰδέναι· ὁπότε γὰρ τὸ δίκαιον μὴ οἶδα ὅ ἐστιν, σχολῇ εἴσομαι εἴτε ἀρετή τις οὖσα τυγχάνει εἴτε καὶ οὔ, καὶ 30 πότερον ὁ ἔχων αὐτὸ οὐκ εὐδαίμων ἐστὶν ἢ εὐδαίμων.'

9. συνεχωρήσαμεν: 351 A.
17. ταῦτα — εἱστιάσθω. Vgl. 352 B. Also als Gefälligkeiten werden die Zugeständnisse hingestellt. H.
18. Βενδιδείοις. Siehe Einleitung S. 4.

20. οὐ καλῶς γε εἱστίαμαι. Es ist nicht ordentlich dabei zugegangen. Die Rede des Thrasymachos (Kap. 16) gab dem Sokrates Anlaſs zu Abschweifungen. H.
29. τὸ δίκαιον — ἀρετή τις οὖσα — αὐτό. Zu 333 E.

Kritischer Anhang.

328 B Καλχηδόνιον *A*, Χαλκηδόνιον ς. Vgl. Meisterhans, Gramm. d. att. Inschr. § 38 I a.
D χαίρω *A*, χαίρω γε *Π* Stob.
329 C ἀσμενέστατα *A*, ἀσμεναίτατα *Π*.
333 E φυλάξασθαι καὶ λαθεῖν, οὗτος δεινότατος καὶ ἐμποιῆσαι ς mit Faesi in Bremis und Döderleins phil. Beiträgen aus der Schweiz S. 282 und Boeckh, Plat. de rep. locus explicatur. Prooem. ind. lect. hibern. Berol. 1829 (Kl. Schr. IV S. 326 flg.), καὶ vor ἐμποῆσαι fehlt in *A*.
340 C [τὸ ξυμφέρον] ergänzt H. Bonitz, Zeitschr. für die österr. Gymnas. 1865, S. 647 flg.
343 B διακεῖσθαι Faesi a. a. O. S. 287 und Heller, curae crit. S. 1. Vorher las man mit den Hdss. διανοεῖσθαι.